教学思辨：
历史教学的有效平衡方略

吴金炉　著

浙江大学出版社
ZHEJIANG UNIVERSITY PRESS

图书在版编目（CIP）数据

教学思辨：历史教学的有效平衡方略／吴金炉著.
—杭州：浙江大学出版社，2014.4
ISBN 978-7-308-13027-1

Ⅰ.①教… Ⅱ.①吴… Ⅲ.①中学历史课－教学研究
Ⅳ.①G633.512

中国版本图书馆 CIP 数据核字（2014）第 054759 号

教学思辨：历史教学的有效平衡方略

吴金炉　著

责任编辑	葛玉丹
文字编辑	殷　尧
封面设计	项梦怡
出版发行	浙江大学出版社
	（杭州市天目山路 148 号　邮政编码 310007）
	（网址：http://www.zjupress.com）
排　　版	杭州中大图文设计有限公司
印　　刷	杭州杭新印务有限公司
开　　本	710mm×1000mm　1/16
印　　张	11.75
字　　数	170 千
版 印 次	2014 年 4 月第 1 版　2014 年 4 月第 1 次印刷
书　　号	ISBN 978-7-308-13027-1
定　　价	30.00 元

序　言

敢于直面不完美　去努力接近完美

任鹏杰

我没有敷衍金炉老弟，《教学思辨：历史教学的有效平衡方略》洋洋十余万言，我认真通读了。金炉是我的好友，初遇于舟山的一次大型培训会，他给我最初的印象是有活力、热情、阳光、帅气。后来交往愈密切，就愈发现这个小伙子很不简单，温厚沉稳，又精明能干。熟悉他了，就知道他的气质里有过人的思想、精神和品性做支撑，难怪由里而外会招人喜欢。

我并不在意金炉已获得了优秀教师、杰出青年、劳动模范等多少荣誉称号，也不必在意他年纪轻轻就当上浙江省重点中学校长有多荣耀。我在意的是，他的教学业绩、教研能力已经相当卓越，当了校长之后，能否百尺竿头更进一步，个人专业有更好发展，同时尽更多社会责任。

拿到《教学思辨：历史教学的有效平衡方略》书稿，我的疑虑顿消。书稿内容不仅反映出金炉在历史教学专业研究上获得了突破性发展，更为重要的是书中所论及的角度、思想、方法、观点，对更大范围、更多学科的教育教学，也不无借鉴作用。

金炉编写此书的目的亦在于此。书稿整个立意背景是新课程改革，内容则借助课堂案例，"提供教学现场，审视不良倾向，进行辩证思考，实施平衡教学"，旨在努力启迪和激发教师的文化悟性、智慧灵性、教学活性、职业神性,这本身就有纠偏指弊、引领方向、推动新课程实践健康发展的社会责任在里边。

读此书我也深受启迪,促使我思考了很多问题。这里,我不想针对历史学科课堂教学问题发表什么意见,仅就书中对各学科课堂教学或多或少均有启示性的共性问题,谈点我的阅读感受。

一、突破学科藩篱,站在教育高位看课堂,见识具有通识性

从书目即知,全书聚焦的八对课堂教学问题,如"教学预设"与"教学生成"、"独立学习"与"合作学习"、"表现活动"与"思想活动"、"学科知识"与"学科文化",等等,这些很重要的问题,不是某学科独有,而是为任何学科所共有。

具体论述这八对课堂矛盾问题时,书稿虽是由历史学科切入的,但却显然并未局促于历史学科,而是立足于大教育高度,突破了学科藩篱,引用的课堂案例来自历史学科,但诊断、辨析、反思这些案例时,深蕴在其中的见识和道理,却是跨越了学科的,这给人的启发自然就不限于某个学科,显然具有通识意义。

众所周知,学习者作为"人"的健全成长是教育的终极追求。而囿于学科,就有昧于这个教育目标的危险,更何况如果让这一根本性短板存在于教师身上,那学科教学就不可能有升华为学科教育的任何可能。长期以来,很多学科的教研局面少有实质性突破,一个很大的原因就在尚未彻底解决这个短板问题。此书站在教育高位,洞察人们习焉所不察,所以才能找到教研瓶颈的突破口。真正懂教育了,才可臻于此境。

二、辨析教学矛盾,善用哲学视角看课堂,理念蕴含批判性

平衡,是一种恰到好处的境界。要达此境界,殊为不易。书中所列"预设"与"生成"、"简约"与"拓展"、"个性"与"共性"、"接受"与"探究"等存在于各学科课堂中的各种教学关系,不少人是糊涂的,或压根不知不懂,或有意无意忽视,或非常模糊和混乱,所导致的结果是一些教师在课堂上处理这些关系时,要么顾此失彼,要么非此即彼,总免不了割裂之嫌、畸变之害。新课程改革以来,一些课堂教学实践活动之所以出现某些不健康现象,症结大都在这里。

金炉一语道破其中要害,批判性地认为这些关系本应是对举的,而不是对立的,是互融共生的,而不是互相排斥的,只有视彼此为相互联系、相互渗透、相互包含的关系,方可在教学上趋利避害。为此他反对将问题简单化、形式化、绝对化,主张必须摈弃两级对立思维,而去深入这些问题的背后探寻更深层原因,才有可能洞悉要害、找到教学的平衡点。他由此还认为,要修正课堂教学实践的偏误,非得如此做不可。这也就难怪,书中为何要将怎样恰到好处地处理诸种教学关系的看法、说法、办法生动地合而为一了。他不厌其烦地如此做,其实无非是想明确地告知读者,怎样的教学平衡方略,才算更好的方略。

不言而喻,没有哲学视角作支撑,就发现不了问题之根。在他看来,教学状态之所以失衡,往往错在根上,错在理念。理念不是说教,理念是基于实践的观念,亦即能够指导行动,不会行动就不能说已经有理念。全书以"平衡"为最重要理念,可谓处处有的放矢。能把理念的这个关键意义理解到位并付诸实践的研究成果,现在还少之又少,这是很遗憾的事。有幸的是,此书做到了这一点。

三、洞察原动奥秘,直面课堂难题看课堂,论述富有挑战性

金炉审视课堂的哲学视角,从根本上看是基于学习者的人性和学习心理的,亦即基于教育的根本特性和根本宗旨的,因为他抓住了所有课堂教学关系当中最为核心的一个问题——怎样做才能更好地促进学习者的学习和成长。

谁都知道,在课堂教学中,怎样促进学习者的学习和成长,是最迷人的问题,也是最有挑战性的问题。此书勇敢地挑战了这个问题,并且由认识到实践,由宏观到微观,非常努力地寻求问题的答案和难题的解决方案,不管用了多少角度、涉及多少层面,都始终不忘揪住促进学习者学习和成长这个核心。

此书其实还想揭示,教学与教育是有区别的,课堂要由教学升华为教育,必须具备好多条件,教师要设法创造这些条件。教师昧于学情、不

顾学情、不合学情的自以为是、自行其是、盲目蛮干，结果只会悖逆教育真谛。要把教学提升到教育的高度，教师就应根据学习者的实际，包括他们的前认知状态、现时的学习心理以及个性与共性，视"学"为中心和准则，以学论教，以学谋教，以学施教。

个中的奥秘，正如布鲁纳所言，学习者才是学习的原动者。课堂由学出发，最终又复归于学，激发、激活了学习者的原动性，学习变成学习者的动机，让学习者感到学习不再是一种外在的他人强加，而是变成了自己的一种内在需要，这是追求原动性的关键之所在。教学由此一关键处发力，就离升华为教育不远了。

学习者的原动性理念，很多教师对其不甚了了，金炉抓到了，也说透了。从他以"平衡"方略作为支点的不俗论述，就足见对原动性多么关注，因为他深彻地懂得，学是教的根据，舍此就不可能产生真正的有效教学。

四、聚焦教学转化，找准价值定位看课堂，意义具有引领性

学习者既然是学习的原动者，那么教师激发、激活学习者原动力的表现，就是去顺利实现"教学转化"。教学转化是西方教育界非常关注的话题，是指教师如何将已经理解的观念加以转化以后，觉得更适合学生学习了再教给学生。就课堂教学具体说来，教学转化实是指课程教学中那些有价值的课题和内容，教师采用怎样的策略，才能由教师自己理解的、懂得的、明白的，转化为本来不怎么理解、不怎么懂得、不怎么明白的学习者也理解了、懂得了、明白了。

教学转化需要教学智慧，书中"平衡"方略，换个角度看，其实正是这种智慧。这种智慧的重点在于，教师除了会对教学行动进行推理，还能根据推理结果，思考如何让"教"的一切行动都出色地服务于"学"，把潜在的学科价值和学科内容透明化，转化成为学生内在所期望的喜闻乐见的形式。

显然，这需要提高教学平衡方略的质量。比如提问的精心设计，更应针对学生的疑惑，给学生更多提问机会，问题不总是由教师发出；比如不同类型的互动更应突出各自的特性,师生互动要重在教师指导,学生同伴互动则重在协作;比如课堂文化,意思是指大家一起在课堂上共事的方式,这意味着课堂氛围、教学环境要能够形成真诚交流、思辨对话和有效协商的局面,目的只有一个,那就是这样的课堂共事方式,更能促进学习者学习和成长。如此等等,没有一个问题是可以小觑的。教师之责关乎学科知识教学,更关乎人生智慧启迪。没有智慧的指引和吸引,干巴巴的知识是不足以激发学习者学习和成长动机的。

书稿在教学的创造性转化研究上用功颇多,这样做本已很好,但非常可喜的是,书稿并未就此止步,而是进一步将价值观要素视为决定课堂成败的最重要契机,非常郑重地借助"表现活动"与"思想活动"、"生活原味"与"知识品味"、"学科知识"与"学科文化"等角度,对如何准确定位课堂教学价值做了十分有益的探索,从而警示人们教学转化的任何行为,都不能降低教育高度和文化深度,更不可漠视或削弱价值观对课堂教学的引领作用。

这样做太重要了。因为"价值观是指什么是人们认为应该的"。人有了清晰的价值观,才深知什么该做、什么不该做,才深知取齐之道,也才会有坚守在心。而问题恰恰在于,人们对价值观的认识往往是模糊的、混乱的,如此就容易导致课堂教学失衡,这是很危险的。好在,金炉在书中几乎无处不在地渗透价值观念,昭告人们以"应该"为基点去明辨价值利害、知所避趋的好处,实为一大善举。

整个书稿可读性很强,行文自然流畅,笔触生动深刻,既有很强的思辨色彩,也不乏诱人的幽默,一部教研著作能写成这样,难能可贵。当然,书稿内容亦非无可挑剔。比如个别课堂案例,从严格要求看就不算很典型,这可能与大环境没有更好案例可供选择造成的;比如对人们混乱不清的一些教育难题,批判性论证力度若能再大一些,对读者的启迪效果或许会更好;还如全世界基础教育的课堂都在发生着由"教授的场所"转换为"学习的场所"这样一种"静悄悄的革命",面对国人对此一潮流知之不多的状况,倘若增加笔墨强化世界视野,也多少会帮助中国教师更好地反思和改进自己的课堂。提出如此一些要求，这对金炉来说，其实是一种过分的苛责。事实上，这些问题他的书稿全都涉及了，我不过是希望他能锦上添花而已。

有媒体称，金炉"以自己的行动证明了人是可以接近完美的"。阅读此书，我不得不赞同这个说法。但愿读者在读了他的书之后，能像金炉敢于直面不完美、努力接近完美那样，也可以用扎扎实实的行动，努力地去接近完美的境界。我愿以此与金炉和读者朋友共勉。

任鹏杰
2014 年春于古都西安

前　言

新课程背景下,在历史教学实践中存在着诸多相对的教学关系,例如"预设"与"生成"、"简约"与"拓展"、"个性"与"共性"等。这些教学关系的处理,曾在传统教学和新课程教学中或多或少地有所偏重,从而造成教学状态的失衡乃至失落。例如:将本应该对举、互融共生的目标对立了,将课程目标的实现形式与实质割裂了。在这种形式对实质的对立和背离中,教学实施活动在表现上"形"似了新课程所倡导的理念,但"神"失了,有着丰富内涵的新课程理念在一些看起来热闹活跃的课程实施过程中变得肤浅,甚至变味了。

人的行为是人的思想和观念的反映,有什么样的观念就有什么样的行为,而行为往往又决定了教育的成功与否。这些教学关系的处理,反映了教师对各种教学关系的认识和理解还相当模糊和混乱。

面对历史教学实施过程中出现的上述种种问题,我们必须以理性的建设性的姿态来审视它。实践新课程是我们的教育理想、教育价值观实现的过程,我们必须深入这些问题的背后,探寻其深层的原因,找到教学的平衡点,并摸索出解决问题的有效举措,以修正新课程发展实践的方向。

我们认为,上述问题从根本上讲是两极对立思维的一种典型体现。两极对立思维是一种非此即彼、非好即坏的简单线性思维方式。以这种思维方式来看待和分析事物,往往容易将相互联系、相互渗透、相互包含的事物置于互不相容的两极,其结果就是割裂事物之间的复杂联系,将问题简单化、形式化、绝对化,从而影响相关实践活动的健康发展。

教师在新课程教学的实施过程中,应该走出两极对立的思维方式,用辩证的思维来处理好教学关系,用积极的平衡论来审视教学关系中的矛盾各方。

"提供教学现场、审视不良倾向、进行辩证思考、实施平衡教学",这是本书的编写意图。希望本书能够给广大一线历史教师以启发。课堂实践是教师自我教学思想理论和教学行为技艺的提升过程,期盼广大历史教师以丰富的文化底蕴支撑起教师的悟性,以高超的教育智慧支撑起教师的灵性,以宏阔的课程资源支撑起教师的活性,以远大的职业境界支撑起教师的神性,用踏实有效的教学实践推动新课程的健康发展。

目 录

第一篇
"教学预设"与"教学生成"

预设与生成是对立统一的矛盾体。就对立而言,课前细致的预设使本该动态生成的教学变成了机械执行教案的过程;就统一而言,预设与生成又是相互依存的,没有预设的生成往往是盲目的,而没有生成的预设又往往是低效的。

一、讨论源起

【对话语录】

"教学预设"与"教学生成"

"教学预设"问"教学生成":"课中,你会跟我走吗?"

"教学生成"反问:"那你跟着学生走了吗?"

"教学预设"回答:"没有啊。我是跟着教材走的。"

"教学生成"断然反应:"那我就不一定会跟你走了。"

我们认识到,课堂生成是新课标倡导的一个重要理念,生成是师生、学生同伴在互动中,在心与心的交流中、思与思的碰撞中、情与情的感应中滋生出来的。

然而,在实际的教学过程中,我们却经常看到两种教学失衡的现象:一是有的教师过于重视预设而忽视生成,在课堂中完全忠实地实施预设方案,排斥了学生有个性的思考,限制了学生对预设目标的超越,学生的创造智慧泯灭其中,教学变得机械、沉闷和程式化,缺乏生机和乐趣,缺乏对智慧的挑战和对好奇心的刺激,师生的生命活力受到遏制和压抑。教师面对课堂上纷至沓来的生成束手无策,缺少教育机智,以致在丰富的生成变化中迷失了方向或者无可奈何地又把学生硬生生地拉回到预设。二是有的教师一味追求生成,没有预设而随意设问,"脚踏西瓜皮,滑到哪里算哪里","生成"出许多离题万里、毫无必要的"麻烦",导致了教学的失控。

【课堂实录一】

"保守"现象:偏重"教学预设",轻视"教学生成"

陆老师的一次公开课,教学内容为"人民版"必修第一册专题四(三)《"一国两制"的伟大构想及其实践》。

在简单复习旧知识后,陆老师用倒叙的方法引入课题:"同学们,香港回归已十多年了,社会各方面得到了快速的发展,民众对祖国的情感也日益加深,你能举一些香港发展的事例吗?"

在几位学生举例后,一位学生站起来说:"老师,我认为香港回归,从政治上讲意义重大;但从经济上讲,对香港发展不好,还有交流加深后,香港人面临我们内地更多的竞争压力……"

全班顿时安静下来,瞪大眼睛看着老师。

陆老师愣了一下说:"你先坐下,好好听,这个问题,我后面会讲到。"陆老师按照预设的教学方案("一国两制"提出的过程、回归的盛况……)继续讲了下去。

结束前,陆老师还总结概括了"一国两制"全面的意义,为让学生进一步掌握"一国两制"的作用,陆老师特地补充了国内外对于"一国两制"积极评价的资料,并特意对那位同学说:"这是对你刚才问题的回答,明白了吗?"

学生:"就这样吧。"学生不太情愿地表示接受。

点评分析:在不少的课堂教学中,我们往往会感到学生学得比较被动,缺乏问题意识,课堂中生成的东西太少,偶尔有些迸发的火花也在瞬间被教师的教学主观扑灭。其根本原因还在于教师备课时,习惯于把学生的思维固定在教学预设中,生怕学生偏离教学预设的正常轨道。这样的教学是千篇一律的程式化课堂教学,往往是教师一张口,学生就会知道教师的下一步程序,就这样在对昨天故事的重复中,学生对教师所要实施的一套早已了如指掌。学生虽然坐在教室里,但是思维并没有活跃起来,表现出消极的学习心态。

【课堂实录二】

"激进"现象:偏重"教学生成",轻视"教学预设"

例如:"人民版"必修第二册专题六《罗斯福新政与当代资本主义》的教学。

资本主义经济危机产生的原因与实质是教学的重难点,陈老师为突破这一教学重难点,引入情景剧《煤矿工人的家》——由学生甲、乙拓展剧情对话。

小女孩(学生甲):现在天气这么冷,我们家为什么不生炉子取暖呢?

妈妈(学生乙):因为我们家没有煤。你爸爸被煤矿主开除了,他失业了,我们没钱买煤。

小女孩:妈妈,爸爸为什么被开除呀?

妈妈:因为煤太多了,卖不出去。

为了进一步引导学生思考,陈老师又设置了新问题。

教师:请围绕情景剧中的对话情境,思考爸爸被开除的原因是什么。

学生反应积极,提出了五花八门的理由。例如:

爸爸因为家里没有煤,偷拿了煤矿里的煤;爸爸因为天气冷要求涨工资,最终被煤矿主开除了;可能煤矿主与爸爸之间有其他的矛盾吧……接下来的教学陷入"停顿"和"尴尬"。

点评分析:遭遇如此"尴尬"的生成,个中缘由,并非学生有意刁难,而是教者被自己的即时"问题"所累。本来,利用"剧情"拓展教学,是为了突破教学重难点,分析清楚经济危机产生的问题实质,但由于教师最后设问的漫不经心和无指向性，最终使课堂走向失控。

生成教学中，固然要培养学生的问题意识，活跃他们的思维，但不能盲目追求生成性。课堂上对生成资源的开发要适度，有时需要搁置生成，在委婉拒绝中寻求平衡。有时对生成要做缩小的处理，有必要回到原点，去照应预设的教学目标，在有目标、有方法的引导下对生成做有效点化，实现平衡中的超越。

二、理性辨析

面对新课程教学实施过程中出现的问题，我们必须以理性、建设性的姿态来审视它。我们认为，上述问题从根本上讲是两极对立思维的一种典型体现。两极对立思维是一种非此即彼、非好即坏的简单线性思维方式。以这种思维方式来看待和分析事物，往往容易将相互联系、相互渗透、相互包含的事物置于互不相容的两极，其结果就是割裂事物之间的复杂联系，将问题简单化、形式化、绝对化，从而影响相关实践活动的健康发展。

教师在新课程教学的实施过程中，应该走出两极对立的思维方式，用辩证的思维来处理好教学关系。

（一）有效教学需要处理好"预设"与"生成"的辩证关系

1. 在凸显教学生成意识中加强教学预设的活性

凡事预则立，不预则废，预设是课堂教学的基本要求。教学是有目标、有计划的活动，没有预设方案的准备，教学只会变成信马由缰的活动。教师根据课前预设引领学生思维、拓展教学，这是毋庸置疑的，但传统教学的弊端是教师把教学过程统得过死，课堂完全成了教师的课堂，学生习惯于思考"老师要我回答什么"，而不是"我是怎样想的"，学习的过程成了学生揣摩教师意图的过程，成了学生努力配合教师完成教学预设的过程。

新课程教学要求教师课前有应付课堂上可能会出现种种意外的心

理准备,这样课堂上才会游刃有余。名师的课堂常常能给我们带来惊喜,常常能让学生举一反三,这样的效果绝不是无中生有、空穴来风的偶然所得,恰恰是课前苦心经营、精心打造的必然所致。高质量的预设是教师发挥组织者作用的重要保证,它有利于教师从整体上把握教学过程,使教学能有序拓展,从而提高学生学习活动的效率。

2.在比照教学预设目标中调控教学生成的态势

创造性的生成是"以学生为本"的体现,它有利于提高学生自主探索的积极性和创造性,使教学过程充满生命活力。有的时候教学生成的发展变化和教学预设是一致的,这反映出教师对教学内容逻辑性的合理把握和对教学对象认知状况的深入了解;但更多时候,两者是有差异的,甚至是截然不同的,这反映出教学过程的复杂性和教学对象的差异性。

"意外情况"主要有两种类型:一种是客观突发事件,如教学环境的改变、教学参与主体的变数、教学场的外在"嵌入";一种是主观预设之外又是情理之中的"突发情况",如学生的突发奇问、教师讲授的意外"卡壳"等。大部分"意外情况"属于后一种。对教师而言,当教学不再按照预设拓展时,将面临严峻考验和艰难抉择,这需要教师既具有预设的目标意识又具有生成的机智意识。当然,学生在教学中产生某种顿悟但没有引起教师的关注和进一步利用,或师生进行不着边际的无意义互动,从严格意义上说不能算是教学的生成或生成性教学。

(二)有效教学需要处理好"形案"与"心案"的辩证关系

《基础教育课程改革纲要》解读中提出:"教案的规范化对合格教师,尤其是优秀教师而言,可能是弊大于利。"

苏霍姆林斯基说过:"教育的技巧并不在于能预见到课堂的所有细节,而是在于根据当时的具体情况,巧妙地在学生不知不觉中做出相应的变动。"

新课程要求教师备的是弹性化教案,重在设计教学过程由何开始、如何推进、如何转折等,教师活动和学生活动要相辅相成、水到渠成,而不刻意追求教学环节的完整性。不确定性和可变因素的引入打造出非预设的课堂，让学生思绪飞扬，使师生积极互动，摩擦出创造的火花，涌现新的问题和答案。

我们的确应该对教案管理过程（教案的生成和实施）的固有价值和观念有所反思，正确处理"形案"与"心案"之间的关系。

"心案"指的是教师在教案实施过程中结合实际情况，不断调整和完善自己教学方案的弹性设计的总和，它把物化的、静态的"形案"变成一个有生命的、动态的生成过程。我们应备好"形案"，更应备好"心案"。强调互动生成，对教师预设教学方案提出了更高的要求，预设不再是静态的"形案"，而是一个开放的、涵盖多种教学预案设计总和的"心案"，是一个在课堂中结合学生表现选择预案，随即产生方案的弹性的、动态的形成过程。教师在教学中做到心中有案、行中无案，于动态的教学中把握促使课堂教学动态生成的切入点。

（三）有效教学需要处理好"教"与"学"的辩证关系

盛群力教授在《现代教学设计论》中指出：教学系统是由一定数量的相互联系的组成部分有机结合起来具有某种教学功能的综合体。它包含了教与学两个基本要素，具有整体性的特点，教师任何有效教学的设计必须以学生的认知心理和学习规律为依据，课堂中学生的"学"应在有目标、有程序、有方法的"教"的引导下开展。

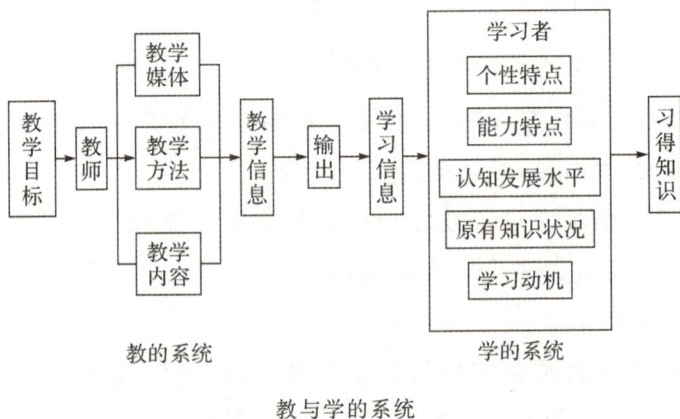

教与学的系统

三、教学平衡方略

课堂是一个充满活力的生命整体,处处隐含着矛盾,其中预设与生成之间的平衡与突破,是个永恒的主题。因此,要加强沟通,创造预设与生成转化的通航机制,努力追寻综合的、最佳的动态平衡。

(一)课前——精心预设,为生成启航

教学预设是教学理论、学习理论、传播理论、设计思想和技术应用相结合的综合系统,是把教与学的原理用于策划教学资源和教学活动的系统过程,是在先进的教育理念指导下的一项教学技术。

准确把握教材,全面了解学生,有效开发资源,是进行教学预设的重点,也是走向动态生成的逻辑起点。教师的预设越周密,考虑越详尽,则转换为切实有效的课堂教学实际流程的可行性就越强。

1.教材透视

如果把教师对知识外延与内涵的理解视为一个生成教学的"最近发展区",那么理解越深广,预设越丰富,生成教学的"最近发展区"就越大,就越能涵盖或接近学生的"创新性发现",外延为教师能听"懂"学生的每一次发言,能看"懂"学生的每一次行为,从而为生成教学提供前提条件。

(1)拓展知识的"外延"

教材提供的范例或情景可能很经典,但不能否认在生活中有着更丰富的学生所熟知的情景。同时,认识教材展示的方法仅是解决问题的其中一个策略,这个策略可能很简洁,但不能否认在学生思维深处有着更多样的解决问题的方法。

例如:在设计"一国两制"作用和香港回归的意义时,教师创设和提供香港回归前后经济社会发展变化的材料。

材料一

回归十年以来,香港经济增长近50%。本地生产总值平均每年实际增长 4% 左右。由于回归之初的几年经济动荡,又受到亚洲金融危机的影响,经济发展波动较大,因而十年来年平均增长率被拉低。近几年香港经济维持强劲扩张势头,增长层面广阔。在贸易方面,回归以来,香港贸易总额基本呈现持续上升趋势。受惠于内地经济蓬勃发展和美元转弱令价格竞争力有所改善,香港的整体货物出口(包括转口和港产品出口)在 2006 年同比增长 10.2%。除贸易激增的推动力外,内部需求亦保持坚挺,整年均提供稳定而重要的增长动力。

——香港大公报出版社《香港回归十年志》

材料二

在"一国两制"方针的指导和基本法的保障下,港人依然保持着原有的生活方式,享有充分的民主。特区政府施政透明,市民得以更多参与香港政务。人权和新闻自由得到充分保障。目前,香港每天有 50 多份报纸出版、170 个频道广播,充分反映着社会多种声音和不同阶层的意见,香港人均拥有报纸的比率依然在世界城市中名列前茅。香港回归以来的成功实践,得到国际社会的广泛认同和赞扬。英国首相布莱尔在去年访问香港时表示,他相信香港能够继续保持繁荣。

——摘自《人民日报》社论

材料三

英国给香港指派港督,中央政府却允许港人自己选特首。

英国问香港收税,而中央政府却一分钱税都不要。

驻港英军需要港人养,而驻港部队却由内地养。

英国有鞭刑喜欢抽香港人,回归之前竟然取消了。

——摘自《明报》

这些材料翔实的数据和生动的内容,使得教学更有说服力。通过用材料论证就能很好说明,香港融入内地后,香港人的发展平台有了更宽广的天地,使学生产生心灵的共鸣和思维的共振。

（2）挖掘知识的"内涵"

追本溯源，探求核心知识，从整体上把握历史知识的纵向延伸和横向衍生，思考学生可能生成的问题和教材知识的前后因果关系与左右联系区别，设想联结的方法与途径。

例如："人教版"选修1《历史上重大改革回眸》第二单元《商鞅变法》的教学。

变法背景内容有四点：一是社会变化的新气象——春秋战国时代是历史上大动荡、大变革的重要时期，包含着社会经济的发展、"百家争鸣"文化的繁荣和争霸战争的频繁；二是风起云涌的改革和变法；三是处在"十字路口"的秦国；四是秦国政坛唱主角的新人。

学生对四者的关系往往不理解，会产生疑虑。教师通过挖掘知识的"内涵"，引入改革背景学习的一般规律，即涉及改革背景往往须回答两个问题：第一，为什么要改？——必要性——旧的生产关系（社会制度）阻碍生产力发展，涉及生产力与生产关系、经济基础与上层建筑两对矛盾。第二，可不可以改？——可能性——人的因素与条件。在这一学习方法指导下，让学生对应背景内容进行比较学习，使学生生成新的理论认识。

2.学情预测

教师应从生理、心理及已有知识水平等诸多方面客观、准确、深入地了解学生，了解学生的个体差异，并通过个案调查、座谈问答及出预习题等方式予以实施。"学情预测"还应当包括对学生生活环境和生活经验的了解，由此最大限度地开发教学资源，让存在于学生丰富多彩的生活当中的教学资源充分自如地融入学生的日常学习活动。

（1）过学生年龄特征关

特定的年龄，意味着特定的思维水平与思维方式。高中阶段是人一生中的黄金时期，在这一阶段不仅是人生观、世界观形成的重要时期，同时又是增长知识和才干的重要时期。在学习思维上，注意力具有一定的稳定性,能较长时间地注意与自己兴趣有关的事物,并能分配注意。观察具有一定的目的性、系统性、全面性,但欠精确。初步完成从以具体思维为主到以抽象思维为主的过渡,开始理智地思考问题,但时常需直观的感性经验的支持。思维活跃,经常提出问题,能独立地判断是非善恶,不轻信别人的结论,爱评论和争论,希望独立地解决问题,但往往会以点概面,比较偏激。

例如:高一年级是中学过渡阶段,从学习内容、方法、大纲要求和学生自身发展的特点来看,都要经历一次转变。高一学生面临学习角色转轨任务,即由习惯于被牵引转向自主学习,由重视知识训练转向方法能力的训练。高一阶段很多学生对历史学习还停留在副课学习、记记背背的认识水平。

因此,在最初的教学时间段,教师应帮助学生认识到学习历史是增强人文修养的重要途径,进而培养学生的历史情结,激发学生学习历史的积极心态。还应帮助学生分析认识初、高中历史在教材内容、大纲要求、学习方法等方面的不同,使学生转变观念,形成主动学习的习惯。

(2)过学生知识结构关

学生原有知识结构是指,学生在过去的学习中,所了解、理解、掌握的史实、概念、方法、技能,它们之间存在的联系,以及从一定角度出发,用某种观点去描述这种联系和作用,总结规律,归纳形成的某一特定知识体系。教师只有及时准确地掌握、了解学生原有的知识结构,才能进一步了解学生的思维水平;只有考虑清楚新旧知识的联系,以及学习新知识时学生原有基础知识是否够用,过渡性的目标与支持性的条件是什么等,才能明确选择用什么样的教学方法来完成教学任务。

学生会的无须多讲,学生半懂不懂的要适当点拨,学生完全不明白的要重点讲解,这是教师在面对课堂时首先需要搞清楚的。教师不仅要传授基本的历史知识,更重要的是要教给学生一个能统率这些知识的基本知识框架结构。"不论我们选教什么学科,务必使学生理解学科的基本结构"(布鲁纳语)，学生掌握了框架结构后，可以用这个结构去理解整合知识，以利于记忆、回顾和保持。

(3)过学生群体特征关

班风及班级风貌，是一个具有自身特色的班级表现出的稳定的集体作风。它反映了一个班集体的精神面貌、道德风尚、学习理念、行为习惯等诸多综合状况。一个团结、奋进、具有良好班风的班集体，不但能使教学及各项活动顺利开展，而且能为班级学生的成长、发展提供有效的动力和压力，使班级具有亲切、和谐和互助的关系，形成勤奋进取、积极向上的氛围，更加激发每个学生奋发向上的精神，促使其健康成长。

每个班级的学生都是一个特殊的学习群体，在长期的共同学习中，都会自觉不自觉地形成各自的特征。教师要熟悉自己所教班级学生特点，选择更适合自己班级的教学方法。

(4)过学生性别差异关

心理学研究表明：男女青年智力差异总体平衡，而个体存在个性差异和性别差异。

在注意力方面，男生注意力多指向于物，喜欢摆弄物体并探索事物的奥妙；女生的注意力多指向于人，她们对人与人之间的关系很敏感，很注意关注人的内心世界，喜欢探索人生。

在记忆方面，男生的理解记忆、抽象记忆能力较强，他们往往不太善于模仿，也不擅长对原文的机械简单记忆，更愿意用自己的知识语词予以理解；而女生的机械记忆和形象记忆能力则较强。

在思维上，男生更多偏向逻辑思维类型(如分析、比较、概括)；女生更多偏向于形象思维类型(直接鲜明的事物、人物、地名、各类条文的内容等)。

教师在进行历史教学时要针对学生学习中的性别差异因材设计，最大限度地拓展学生的思维。

3.减法思维与多维导向

减法思维指在设计教案中，教学设计要留有余地，教师应"蹲下身来看学生",用学生的眼光来审视教学内容,设身处地地想学生所想、疑学生所疑,变传统的"加法思维"为"减法思维",突出重点,简化头绪,使之目标集中,成效凸显。

多维导向是指对于教学中的重、难点,教师在预设过程中要尽可能地进行多种考虑,主观上努力穷尽各种可能,才能在具体的教学过程中做到游刃有余。

例如:"人民版"必修第三册专题一(一)《百家争鸣》的教学。

教师在引导学生感受诸子百家为人类思想宝库作出的卓越贡献,体会人类优秀思想传承对人类文明演进的价值时,可以适时地创设如下教学情境。

教师:今天,每当我们在现实生活中遇到难题的时候,往往要从那个时代中寻找解决现实问题的智慧灵感。现在我们学校的水电浪费现象比较严重,水务和电力公司明确通知,如果超过一定的限度将对我校停水停电。请从儒家、道家、法家、墨家等思想派别出发,分别为我校提出解决水电浪费问题的办法。

与此同时,教师的课件呈现儒家、道家、法家、墨家等派别的思想要点,学生结合教师提供的材料及教材对这些派别思想特点作介绍,分小组讨论。

这样的课堂教学活动,能调动学生的学习兴趣与激发学生的探究意识,教师请学生尝试运用古代先哲的智慧,多角度分析解决实际生活中的问题。同时,又可视不同的班级或学生不同的学习情况及时调整课堂教学,从而为课堂生成提供可能。

4.探索课堂提问的设计策略

课堂教学中的教师提问是十分有讲究的,有经验的教师往往通过课堂设问启发学生拓展探究讨论,从中展示并突出矛盾,使课堂不断产生新的问题,达到牵一发动全身的效果。他们会有意识地激发学生的生成,明确需要生成什么——认知的生成、情感的生成、思维能力的生成。

课堂提问是为了启发学生的思维而采取的促进学生学习的教学手段。教学提问设计应具有明确的目标导向。缺乏明确目标的提问是无组织、无目的,甚至是无效的提问。明确提问设计的目标,不仅要依据大纲要求和教材内容,更应符合学生的认知心理和思维特征。

有效提问要求教师有针对性地对将要进行的课堂提问事先做好充分准备,设计好问题,确定提问的目的,选择提问的内容,尽量使学生对问题的回答内容丰富,尽可能避免所有的提问只需一个字就可以回答的情况出现。在问题设计阶段,教师常用的策略有:

(1)提问语言的简化

教师提问设计应运用学生所熟悉的词汇,语言简单、清楚,容易理解。

(2)提挑战性问题

问题对于学生的语言能力、思维能力、知识水平来说应有一定的难度,从而具有一定的挑战性。对这类挑战性问题的正确回答,对培养学生的自信心,对学生能力的发展具有十分重要的作用。

(3)提继续性问题

当学生的回答不得当、不完整时,教师应继续提问,通过暗示等手段帮助学生做出正确答复;当学生的回答正确时,教师也应在其回答的基础之上进一步提问,使问题步步深入,激发学生讨论,充分调动学生的积极性,让更多的学生参与到课堂交互的过程中。这样,学生不但能从老师那儿得到更多的输入,也能加大自己的输出量,从而更有助于语言的学习。

(4)提问内容的设计要有梯度

提问应避免两种存在的问题倾向:一种是问题太多、太浅;另一种是问题太难。对有些教师而言,因为经验缺乏或水平有限,设计提问往往脱离学生的认知水平,缺乏明确的目标导向。要么设计太易,没有思考的价值,使学生产生"不屑一顾"的情绪,不能激起思维的波澜;要么设计太难,使学生望而生畏,课堂气氛沉闷,同样不能激起学生的兴趣。教师所提的问题要拓展课程领域,调动学生已有的知识经验;问题要揭示矛盾,贴近学生引起思考。

问题的设计要有梯度,要环环相扣,逐层递进,要遵循从易到难、自简至繁、由浅入深、由表及里的原则,一步一个台阶地把问题引向深入。教师设计问题要有明确的目的性,设计有思考价值的问题。在设计问题时,教师不仅要考虑应该提出什么样的问题,还要考虑为什么要提这样的问题,使每一个问题既能为活跃学生的思维服务,又能成为完成教学任务的一个组成部分。问题的设计可以从培养学生的感知能力、分析能力、比较能力、抽象概括能力和创造想象能力等方面入手,使提问具有较好的启发性、清晰的层次性和丰富的挑战性。

(二)课中——不拘泥预设,为生成导航

课堂的生成指的是师生教学活动离开或超越了原有的思路和教案,表现在结果上,指的是学生获得了非预期的发展,表现为"茅塞顿开"、"豁然开朗"、"怦然心动"、"妙不可言",表现为心灵的共鸣和思维的共振,表现为内心的澄明与视界的敞亮。

由于种种原因,师生之间的思维及其方式存在一定的差异。教师再周密详尽的教学预设也不可能完全替代学生的思维过程,因为它只是一种预测,只能是"大体则有,定体则无"。

1. 开放教学过程

开放教学过程是教学生成的前提。在一个教师完全主宰的封闭的课堂教学结构里是无法产生非预期的教学生成的。课堂教学强调即时生成,其出发点是对学生学习需要的尊重。要使预设好的大致教学结构转化为在实施过程中不断应答各种不确定性的随机应变的结构,需要教师开放教学过程,根据学情对原教学预设及时做出调整。

例如:"人民版"必修第一册专题五(二)《外交关系的突破》的教学。

教师教学过程预设:

(1)导入——亚太地区地图,分析中国在20世纪60年代面临的外交难局；

（2）图片、视频和相关公报文本展示重返联合国、中美关系改善、中日关系正常化的史实；

（3）运用大量材料，通过教师设问，层层引导分析20世纪70年代三大外交突破的意义。

教学实录：教师导入——亚太地区地图。

教师：回望历史，在20世纪60年代，中国面临着严峻的局势。请同学依据所学在图上指出我们的困局是什么？我们如何破局，破解世界大国对中国的围困之局？

学生甲：老师，其实我们在今天也面临着一定的外交难局，大家看这幅地图——中国周边局势，也是扑朔迷离。近几个月来，在中国的南海和东海，一个是黄岩岛，一个是钓鱼岛。围绕着两个岛引发的争端，已成为亚太地区重大外交事件。

几个学生异口同声地说：是啊，我们也面临着一个处理与周边国家关系的外交困局。

教师欣喜（及时调整了原先的预设）：那么，有没有同学能够给大家分析一下钓鱼岛问题、黄岩岛问题是怎么形成的，再谈谈我们应该如何破今天的局？

学生纷纷发言……

教师在学生发言后顺势引导：破今天的局需要极大的政治外交智慧，如何破局，我们还可以从20世纪70年代初破昨天之局中汲取相应的政治智慧。今天这节课，我们就一起来学习《破局——20世纪70年代中国外交的突破》。

学生发言积极，教师因势调整了教学过程，采用倒叙法的教学方式先讲今天我们面临的亚太困局，再引入历史上在20世纪70年代外交三大突破的背景……

当然，课堂上的教学开放，并非意味着杂乱无序、随心所欲，教师要建立反馈评价的课堂教学常规，学会控制学生的回答。对于未经举手或教师许可的发言不要接受，假如有几个学生七嘴八舌地胡乱发表意见，教师对他们的肯定等于鼓励他们这种无规矩的行为，这样将导致提问和教学都无法控制。

2.尊重学生个性

尊重学生个性是课堂教学生成的重要保障，不同的学生有着学习的差异性，课前教师通过学情诊断已对学生层次有一个明确的了解。课堂中，教师应利用学生的个性特点来指导学生，促使不同层面的学生都能积极参与课堂，引发最大效应的教学生成。具体见下表：

回答问题的学生类型与教师的处理办法

学生类型	学生特点	教师处理误区	教师正确处理
理解能力强、能积极回答	学习好，善于发表见解，教师提出问题后很快要求回答，并能正确回答。	对他们关注较多，乐于让他们回答问题。	可利用他们活跃课堂气氛，起到回答问题和教学生成的带头作用。
理解能力强、被动回答	学习好，但不愿在众人面前表现自己，不积极回答问题。	注意较少。	积极鼓励，培养其回答问题的积极性，如"你对这个问题回答得非常好，全班同学要向你学习"。
理解能力弱、积极回答	学习较差，善于表达并积极举手回答问题，但不能正确回答。	注意较多，但讨厌其总是错误回答问题。	引导其进一步对问题进行思考，激发其进一步的生成，如"从另一个角度，你再看看这个问题"，但不要挫伤其积极性。
理解能力弱、被动回答	学习较差，不善于表达，且不举手回答问题，或根本不想回答。	注意最少，基本遗忘这些学生。	给一些较容易的问题，通过其正确回答，以正反馈的方式培养其积极思考以及回答问题的兴趣。

3.捕捉课堂契机

善于捕捉课堂契机，是课堂中教学生成的关键。教学生成具有即时性的特点，强调的是机智灵活，借助的是教师的"灵性"。教师在教学中要善于抓住学生所思所想的契机，以及在教学推进过程中不断碰撞出来的思维火花，将教学及时进行调整，不断地推向理想境界。

(1)随时生成,让灵动在实践中显现

随时生成,指的是在课堂教学中,教师敏锐地抓住发生在学生面前稍纵即逝的课程资源,并加以开发利用和拓展延伸,推动教学从"理论"到"实践"、"历史"到"现实"的转换。

例如:"人民版"必修第三册专题五(二)《人民教育事业的发展》的教学。

教师讲到20世纪50年代以来的教育发展情况和经济政治之间的相互关系时,由于缺乏一定的感性认识,学生认知遇到阻碍,课堂显得死气沉沉。

教师于是发问:想一想,我们通过什么途径和方法,可以更好地了解这一时间段的教育发展?

同学们议论纷纷……

有的说通过上网查询;有的说回家问问爷爷或爸爸。

有个学生突然发话:老师,了解我们学校的发展就可以知道了。

教师欣喜:对呀! 我们学校不就是1954年建校的吗? 了解学校发展的过程就是了解这一时间段的历史呀!

这时,正好到了下课时间,下面是学校的课间操时间(那天天下雨不用出操)。

教师灵机一动:同学们,下面我们把课堂搬到室外,我们现在就去校史陈列室,请档案管理员给我们作讲解,准备好笔和纸,我们运用图示识读方法,去进一步了解20世纪50年代以来教育发展情况,编制发展的曲线图。

学生:好呀!

同学们高喊着冲出了教室。

(2)随性生成,让应变在选择中创设

随性生成,指的是在课堂教学过程中,教师紧紧依据学生的个性特点和学习情况,在不同的教学环境中有选择地应变。课前的多维预设为教学活动的拓展设计了多种"通道",这为教学方案的动态生成提供了广阔的空间。

例如:"人教版"选修1《历史上重大改革回眸》第二单元《商鞅变法》的教学。

教师在高二12班(该班较活跃,但理性认识和史料识读能力普遍较差些)上课,学习秦国实行变法原因时,教师创设秦孝公与商鞅交谈的情景表演活动,让学生在情景对话中了解商鞅变法的原因和目的。

教师到高二11班(该班是文科尖子班,学生的理性认识和史料识读能力普遍较好)上课,讲同一内容时,教师提供秦国所处时代政治、经济等背景材料,让学生进行史料识读并解析问题,使学生在理性的思考中了解商鞅变法的原因和目的。

(3)随遇生成,让资源在自然中应用

随遇生成,指的是在课堂教学中教师牢牢扣住迎面而来的课程资源,作广度、深度开掘,不牵强附会,不强拉硬拽,从而演绎让这种资源为教学服务的教学方式。

例如:"人教版"选修4《中外历史人物评说》第五单元《中国改革开放和现代化建设的总设计师邓小平》的教学。

教学内容为改革开放一目知识。

教师:小平同志为国家发展做出了巨大的贡献,人民以各种方式表达了对他的敬意和赞赏,你们以为呢?

同学们纷纷表示认可。

学生甲:是的,有不少歌曲就是歌颂这一时期小平同志事迹的。

教师点头:不错,能举例吗?

学生:有呀,董文华演唱的《春天的故事》。

教师鼓励:会唱吗?

其他同学大声鼓动,该学生欣然唱了起来(教师边听边在黑板上书写):

一九七九年那是一个春天，

有一位老人在中国的南海边画了一个圈，

神话般地崛起座座城，

奇迹般地聚起座座金山，

春雷唤醒了长处内外，春晖暖透了大江两岸。

一九九二年又是一个春天，

有一位老人在中国的南海边写下诗篇，

……

全体学生热烈鼓掌，教师机警地说：唱得太好了，堪比"中国好声音"水平了。大家请看歌词，一九七九年那是一个春天，这个春天有哪些新的气象？

学生积极回答。

教师再问：一位老人，指的是谁呀？ 一个圈又指什么呢？

……

教师在课堂教学中顺乎学生的学情，让有效的课程资源自然而然地生发，一幅精彩的教学画卷展现得淋漓尽致。

（三）课后——教学反思，为改进研究

课堂是一个动态交互发展的过程，"预设"往往会出现多种结果，如果教师课后能进行反思，可以为以后的"再预设"提供帮助。

1.反思成功之举——"预设"是怎样"生成"的

教师要及时把与学生联系最密切、学生最投入或最能体现自己教学意图的"成功点"记录下来，然后进行反思：预设的目标是怎样得到有效落实的？如何恰当处理预设内容？哪个教学环节生成效率最高？在灵活调控课堂方面有哪些成功经验？

例如："人民版"选修4《中外历史人物评说》第五单元《中国改革开放和现代化建设的总设计师邓小平》的教学。

教师从邓小平同志受人民敬仰这一话题出发，引发学生议论，在学生生成用歌曲颂扬改革这一课程资源后,教师又顺势而为鼓励学生表演,继而写下歌词,引发新的生成话题。

总结这一教学过程的成功经验,主要在于:

(1)教学课堂民主,教师以生为本,尊重学生,顺乎学生的学情。

(2)教师能灵活调控教学节奏和具有顺势而为的课堂应变能力。课堂应变能力的发展,需要教师随时关注学生的情感态度和学习状态;需要在课堂上设计多样化的活动方式,保持学生的学习兴趣;需要变换形式,细化任务,激发学生的责任感和成就感。

2.反思败笔之处——"预设"为什么"未生成"

当教学出现失误时,教师可以从以下方面拓展反思:预设目标是否脱离学生实际基础? 预设内容安排是否妥当? 预设教学方法的选用是否符合学生的身心特点? ……对这些问题要从多方面找原因,及时找出问题症结,采取相应对策。

例如:"人民版"必修第二册专题六《罗斯福新政与当代资本主义》的教学。

资本主义经济危机产生的原因与实质是教学的重难点,教师为突破这一教学重难点,引入情景剧《煤矿工人的家》,在学生对话表演后,话题直接转向了矿工被开除原因探讨,最后预设的经济危机原因分析没出来,却生成了许多无关、错误的信息。

反思这一教学过程的失败,主要在于:

(1)教师教学机智不够,没能及时引导学生回归到正确的思路上来。

(2)情景剧的表演内容没有与教学内容紧密结合,主要是问题设计太直白。情景剧结束后,直接提问"请围绕情景剧中的对话情境,思考爸爸被开除的原因是什么",显得苍白和茫然。

教师应围绕情景剧内容设计与教学内容紧密结合的过渡性问题。

A.妈妈(学生乙):因为我们家没有煤。你爸爸被煤矿主开除了,他失业了,我们没钱买煤。

教师可设问:从生产关系的角度,分析矿工与矿主的地位关系如何?

B.妈妈(学生乙):因为煤太多了,卖不出去。

教师可设问:从资本主义经济发展的角度分析煤太多的原因?卖不出去,说明了怎样的供求关系?

有了这两个紧贴教学目标的设问,教师再补充些经济危机方面的资料,学生的生成发展便水到渠成了。

3.反思教育机智——怎样促使"非预设"的"生成"

对预设之外的内容,教师若能发挥教育机智,突破原先教学预设的框框,捕捉临时生成中的有意义成分,及时整合到教学中,便能取得意想不到的效果。教师课后要对"非预设生成"进行反思,寻找隐含在背后的理论依据,上升到一定高度,获得规律性认识,以便今后面临"意外"时,能够从容应对,取得良好效果。

例如:"人民版"必修第三册专题五(二)《人民教育事业的发展》的教学。

在教师讲到20世纪50年代以来教育发展的情况时,学生认知遇到阻碍,课堂显得死气沉沉。经学生发言触动,教师及时捕捉即时产生的教学资源,将课堂教学内容与学校教育事业发展相结合,使教学有了"意外"的生成之喜。

课堂上学生思维的顿悟、灵感的萌发、瞬间的创造无处不在,教师应该别具一双慧眼——及时捕捉即时产生的教学资源,引领学生全身心地投入到知识的建构和创造的愉悦中去;教师应该独具一颗慧心——随机地调整预设教案,教师手握的是已知的教案,面对的永远是未知的学生答案,是将教案进行到底还是顺着教学实际发展的方向去挖掘,这是每一位教师面临的研究课题。

4.反思再教设计——为了"生成"该怎样"预设"

实践证明,成功的教案不在课前,而在课后。一节课下来,及时反思得失,找到教学实际与"预设"之间的差距,并进行必要的归纳与取舍,考虑下一次再教这部分内容时如何做到更有效,对原先的"预设"进行修改。

例如:"人教版"选修1《历史上重大改革回眸》第二单元《商鞅变法》的教学。

高二12班学生较活跃,但理性认识和史料识读能力普遍较差些。因此到该班上课,教师创设秦孝公与商鞅交谈的情景表演活动,并设计了由浅入深的系列问题,让学生在情景对话和问题讨论中了解商鞅变法的原因和目的。结果较为理想。

高二11班是文科尖子班,学生的理性认识和史料识读能力普遍较好。因此到该班上课,讲同一内容时,教师直接提供秦国所处时代政治、经济等背景材料,让学生进行史料识读并解析问题,让学生在理性的思考中了解商鞅变法的原因和目的。但结果不甚理想,教学显得比较沉闷,学生反映不是很积极。

教师反思这一现象,觉得虽然文科优秀学生的理性认识和史料识读能力较强,但一堂课只有枯燥的材料分析、问题探讨,也会使他们疲惫和厌倦,导致思维受阻。因此,设想在今后的教学中,也应设计多样化的活动方式,保持优秀学生的学习兴趣。

四、结语:教师在教学预设和生成中追求最佳的动态平衡

教学预设对于教学生成,应像海绵一样虽具有定型,也富有弹性;教学生成对于教学预设,应像风筝一样虽随风飘扬,却心有牵挂。预设和生成是没有轻重之分、优劣之别的,它们都应该为课堂的"顺利"和"完美"承担责任,都应该在课堂中得到正确的诠释和有效的演绎。

同时,这种课堂实践是教师自我教学思想理论和教学行为技艺的提

升过程。预设和生成都需要以"思想"打底子,用"智慧"撑门面。"只有有了认识的深度,才会有行为的高度。"一个优秀的历史教师,必须有四大支柱的坚固支撑:丰富的文化底蕴支撑起历史教师的悟性,高超的教育智慧支撑起历史教师的灵性,浩瀚的课程资源支撑起历史教师的活性,远大的职业境界支撑起教师的神性。在预设与生成面前,如果缺乏对"思想"与"智慧"的正确认识和把握,我们就不可能做到"让预设与生成激情共舞"。

第二篇
"教学简约"与"教学拓展"

教学简约与教学拓展是辩证统一体。教师教学的拓展,不等于学生学习的复杂化;教师教学的简约化,不等于学生学习的简单化。教学的简约是为了教学的拓展,教学的拓展应该归结到教学的简约。

一、讨论源起

【对话语录】

"教学简约"与"教学拓展"

"教学拓展"对"教学简约"说:"感谢你有那么多空隙让我钻,给了我填空的机会。在我的眼里,你真不简单!"

"教学简约"对"教学拓展"说:"注意,千万别把我留给学生思维的空间填满了。记住,心有多大,舞台就有多大。"

"教学拓展"若有所思:"哦,明白了。我的拓展是为了学生的拓展。在你的眼里,我并不复杂!"

新课程背景下,教学拓展已成为课堂教学的重要组成部分,它与传统教学只注重知识的传授不同,而是依据新的课程理念、新的教学内容、新的情景创设、新的技术手段,从更高的层次对教师和学生提出了要求。

然而,在实际的教学过程中,我们却经常看到两种教学失衡的现象:一是过于注重教学的拓展而忽视教学的简约。由此带来教学方式、教学调控、教学评价相应的"复杂化",教师教学追求复杂化,使教学弥漫着一股虚假的浮华风气,教学形式上五彩缤纷的"花哨"、教学内容上面面俱到的"细致"、教学效果上滴水不漏的"扎实",教师的这些"完美"之举有时反而会产生"过犹不及"的结果,使课堂教学不堪重负或流于形式。

二是偏重教学的简约而忽视教学拓展。历史新课程教学,改变了繁、难、偏、旧的状况,知识的模块化使教学内容相对简约,导致教师中出现照搬教材简单化的编排模式,这种模式对内容作简单化的处理,大量地借助多媒体辅助手段进行简单直观的教学,过于强调学科本位,只注重书本知识的传授而忽视了历史模块知识的内联外延。这种过度的简约使得学生的学习简单化,导致了知识的割裂和认知的肤浅,学生不能真正理解和感悟历史。

【课堂实录一】

"保守"现象:偏重"教学简约",轻视"教学拓展"

例如:"人民版"必修第二册专题一(三)《古代中国的商业经济》的教学。

教师利用北宋《清明上河图》引出中国古代商业经济这一教学主题,随后课件展示《浙江省历史学科教学指导意见》对本节教学目标的描述,并加以简单解读(用时5分钟)。接着教师下发学案资料,要求学生自主学习整理表格内容(用时15分钟)。

朝代	商人概况	货币	对外贸易情况	市与城市的发展情况
秦代				
汉代				
六朝				
唐代				
宋代				
明清				

自主整理结束后,学生交流回答,教师不时地进行纠正补充(用时15

分钟),最后,教师要求学生自主完成学案中余下的材料解析题,直到课时结束(全课 40 分钟),大部分学生还在思考琢磨材料……

点评分析:很多时候,教师为了落实基础知识,在教学中往往引入学案资料,并组织学生自主学习和概况整理,这一过程看似提高了教学效益,把课堂时间还给学生,发挥学生的课堂主体作用,但实际上只是对教材文本做简单的学习,缺少了必要的延伸拓展,在这个学习过程中,学生思维得不到真正的启发,从而影响知识的理解和感悟。

【课堂实录二】

"激进"现象:偏重"教学拓展",轻视"教学简约"

例如:"人民版"必修第二册专题三(二)《伟大的历史性转折》的教学。

课堂导入时,教师引入多张"1978—2008 为中国喝彩,改革开放 30 年"和"莫斯科落日——苏联解体"的图片。在图示的基础上抛出问题。

教师:这些图片分别反映了社会主义现代化建设中哪两种典型模式?——由此引出本节教学主题。

教师:为什么说 21 世纪始于中国的 1978 年?从中国的视角来看……从世界的视角来看……从 21 世纪的视角来看……

因为拓展内容问题起点高,学生无法分析得出答案,老师便直接代劳解决了问题。

接下去教师围绕"十一届三中全会的背景、内容与历史意义"、"家庭联产承包责任制与国有企业改革"、"经济特区的创办及对外开放格局的形成与其特点分析"、"改革开放以来所取得的成就"进行教学,期间图片、视频穿插补充不断。

最后,教师提问:为什么要改革,中国的改革与苏联的改革有何异同,造成这种差异的原因是什么?我们的社会主义现代化建设探索经历了哪些阶段?我们的现代化改革成果有哪些?……

整堂课因教学量大,学生疲于应付。

点评分析：作为新授课，该课堂案例的教学目标设计有偏差且太繁杂。如"知道中苏两国工业化过程中的差异及其原因"、"了解中国改革开放的世界性意义"、"了解现代化建设探索经历的阶段"等目标都超出了《学科教学指导意见》的要求。教学导入问题起点高且量大，很多是大跨度的综合与比较类的问题，学生很难把握。教学过程中教学内容拓展过多，有些跳出了教材的框架，又没有进行必要的整合，作为课堂教学两翼的教学拓展太过复杂，两翼的过度拓展削弱了教学主体内容的地位和学习，使学生迷失方向而处于不知所措的混乱状态。

完美的课堂教学，是每个教师的孜孜追求。教学目标的全面、教学内容的丰富、教学方法的多样、教学环节的顺畅、教学手段的齐全、教学气氛的热烈、教学结果的无瑕，是教师想唱响的课堂教学的完美之歌。教师通过教学拓展力争在每一节课中做到全面兼顾和"达标"，期盼获得尽善尽美的教学效果。但是事实上我们不能赋予历史课太多的职能，一堂历史课也不能解决太多的问题，否则历史教学就会显得臃肿。

二、理性辨析

（一）有效教学需要对"简约"与"简单"的价值取向有个辩证认识

教师应对"简约教学"与"简单教学"的价值取向有一个辩证认识。

在传统教学中：教学方式比较"简单"——教师讲解、学生听讲；教学手段比较"简单"——一支粉笔、一副口舌；教学依据比较"简单"——教材详细、教参死板；教学过程比较"简单"——注重结果、注重训练。

这样的教学，只是教师安于旧的教学观念，照搬教材简单化的编排，对内容作简单化的处理，忽略教学资源开发与利用，忽略学生体验的简单教学，导致学生的感知片面、单一、肤浅，导致学生的理解浅薄、难以灵活运用。

其实，教师教学的简约化，不等于学生学习的简单化。关键在于教师教学艺术的适度把握，力求通过"简约"教学使教学不"简单"，达到"以少胜多"的教学效果。教学的"简约"，主要是指教学目标的简明、教学内容的简约、教学结构的简化和教学语言的简练。

盛群力教授说："课改追求的应是复杂中的简单——简约才是内功，简约才叫真实，简约才会有用，简约才算艺术，才是教育的真谛，才是教改的目标。"

（二）有效教学需要处理好"教学简约"与"教学拓展"的辩证关系

现在的一些教学中拓展得过多而变得"复杂"，结果适得其反。教学目标比较"复杂"——能力素质各项要求全面，使学生无所适从；教学内容比较"复杂"——引用或引申太多，使教学"耕了别人的田，荒了自家的地"；教学环节比较"复杂"——教学过程与方式变化多样，使学生学习变得千端万绪，课堂难以稳扎稳打。

布鲁纳的认知理论认为："任何学科的内容都可以用更为经济、富有活力的简约方法表达出来，从而使学习者易于掌握。"课堂的求"简"原则，以"简"的思想调适矛盾，使课堂中看似矛盾的因素统一和谐。辩证地看，教师适时的拓展是与简约相统一的，"简"化了的课堂，意味着学生有足够的时间潜心会文、有足够的空间表现自我，教师有足够的机会进行拓展以促进生成。

（三）有效教学需要处理好"完美"与"缺憾"之间的辩证关系

一些专家说，课堂教学要"放弃完美"。诚然，"完美"是任何事物的极致，是我们做事的理想境界。课堂教学"追求完美"应该没有错。然而，这个"完美"的标准是什么？我们曾经对"教学目标明确"、"教程安排合理"、"提问精简恰当"、"适时运用媒体"、"渗透学法指导"、"注重能力培养"、"板书精当美观"、"教态亲切自然"、"时间恰到好处"等孜孜以求。如果根据这些标准，用一一对应的方法去评一些课，可以说是无可非议，甚至是滴水不漏。如果我们透过这些外在的形式，换一个角度来审视"学生在这堂课中学到了什么，学得怎样"这个课堂教学实质性的问题，或许不难发现，这种"中评不中用"的"完美"的课，是以牺牲学生积极、主动的学习为代价的，是对教学以学生为主体的迷失或犹豫不定。

其实,课堂教学并不是一个完美无缺的圆,也不是一卷画上完美句号的手稿。笔者认为,教室,是容许出错的地方。从美学角度看,既然课堂教学称之为艺术,艺术本身就不可能完美,而这种不完美往往会给课堂本身增添许多耐人寻味的地方,使之变得更绚丽、更精彩。

让课堂教学回归生活的本真状态吧,无须刻意做作,无须打扮装饰,就像断臂的维纳斯,就像倾斜的比萨塔,虽然不完美,但它同样具有一种独特而真实的审美意义。课堂教学就是应该让学生在所谓"不完美"的思维碰撞和情感互动中尽情享受真正的人文情怀,获得真正的心灵关照,实现真正的生命满足。从这个意义上来讲,"放弃完美"并不是不要"完美",而是追求更真的"完美"。

三、教学平衡方略

(一)教学要注意回归简约

"大道至简",高中历史教学只有追求更高层次的简约求实的境界才会彻底解放学生,充分展示教师的教学个性,为学生的历史学习提供持续的动力。

1.教学目标的简洁明了

教学目标要实实在在,简洁明了,可以达成。时下许多课的教学目标制订不切实际,面面俱到,从基本知识落实到情感升华,从能力养成到态度、价值观形成,从创新意识的培养到实践能力提升,可谓林林总总,一网打尽。其实,一堂课的教学目标的确定必须依据学生实际水平;教学目标的表达要准确、简洁;教学目标的落实则应具体表现在教学过程的设计中。

例如:"人民版"必修第一册专题二(三)《伟大的抗日战争》教学目标的确定。

知识与能力:了解侵华日军的罪行,分析、归纳、概括其危害;了解抗日战争的主要史实;理解国共合作进行全民抗战的重要性;总结抗日战争取胜的原因。

过程与方法:通过反法西斯联盟主要领袖对中国抗战的评价和中国在抗日战争中做出的巨大牺牲等材料的分析与讨论,理解中国抗日战争在世界反法西斯战争中的地位。

情感、态度与价值观目标:深刻理解团结就是力量,弘扬和培育民族精神;确立"牢记历史并不是要延续仇恨,而是要以史为鉴、面向未来"的认识。

从本次内容的教学目标表述来看,几个特点显而易见:第一,简洁明了;第二,可操作性强;第三,指向性明确。

2.教学内容的简约充实

课堂教学的时间是个常数,学生的学习精力是有限的。因此,选择恰当的学习内容或曰"学材"(学生的学习材料),特别是抓住课的本质内容,教学内容才会显得既充实又简约。

俗话说:"提领而顿,百毛皆顺。"做到教学内容的简约充实,关键是教师对教材的理解与个性化处理。教材无非是一个例子。教材由于篇幅的限制,往往以精炼、浓缩的编排方式呈现丰富的内容。目前的新课程教材已经抛却了旧教材的"偏、难、繁、旧",实行以专题为分类的标准,更加注重吸收史学界最新的研究成果,增添了大量图表、文献资料。

在这样的教材面前,教师要使自己的教学取得预期的效果,可以从以下几个角度着力:

首先,要做到吃透教材。对照课程标准,找出重点和难点,了解教学目标中的知识、能力及情感方面的要求,安排好大致的教学步骤与时间分配。

其次,合理选取课内外素材,有针对性地选取能解决教学重难点的教学内容。

最后,整合教学内容。教师结合学生的心理规律和认知背景,通过对教材的再加工,将简单、静态、结果性的教材内容,设计成丰富、生动、过程化的教学内容,让学生在经历知识发生、发展、形成的"再创造"活动中,获取广泛的活动经验,进而促进自身的主动发展。

例如:"人民版"必修第一册专题一《古代中国的政治制度》的教学。

教师可以对第三节《君主专制政体的演进与强化》和第四节《专制时代晚期的政治形态》的教学内容进行有机的整合。

中国古代专制主义中央集权制度的演变始终围绕两对矛盾展开:一是地方与中央权力的矛盾;二是君权与相权的矛盾(集中到中央的权力由谁来掌握)。

教师围绕这两对矛盾,对教学内容进行整合,并梳理发展线索,做到教学内容的简约充实,且富有条理。

发展线索

```
皇                夏商周:王位世袭制、分封制、宗法制              中
权                                                              央
不                                      ┌皇帝制度               权
断                秦朝:创立专制主义中央集权制度┤三公九卿        力
加                                      └郡县制                加
强                                                              强
,                      ┌中央:内、外朝制                        ,
相                两汉:┤                                        地
权                      └地方:郡、国制                          方
不                                                              权
断                      ┌中央:三省六部                          力
削                隋唐:┤                                        缩
弱                      └地方:隋,州、县;唐,道、州、县           小
                        ┌中央:中书门下、参知政事
                  宋:┤
                        └地方:路、州县
                        ┌中央:一省二院
                  元:┤
                        └地方:省、路、府、州、县(行省)
                        ┌中央:废丞相制度、设内阁
                  明:┤
                        └地方:承宣布政使司(行省)
                        ┌中央:设军机处
                  清:┤
                        └地方:省、路、府、州、县(行省)
```

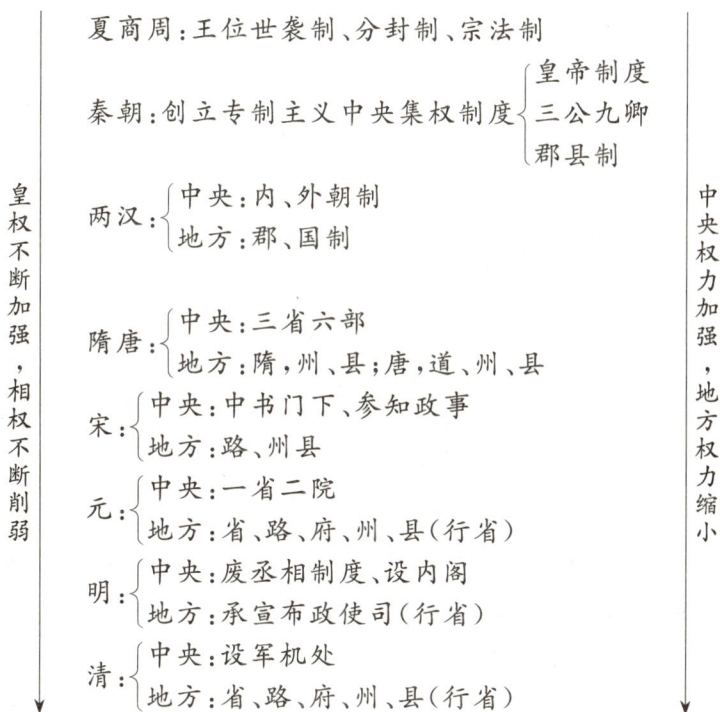

3.教学环节的简练朴实

历史学习本来应该是一件简单而快乐的事情,由于教师的设计使许

多原本简单的课堂变得纷繁复杂。教学环节的简练朴实，就是要杜绝我们的历史课堂成为大染缸、五味瓶，避免出现枝繁叶茂却不见树干的现象。教学环节的设计还是要从学生的学习认知心理出发，符合学生学习认知规律，提倡遵循"了解—理解—见解"三步学习模式。

"了解"是历史学习第一步，是历史学习的前提和基础。即了解重要的历史人物、历史事件、历史现象和历史发展的基本脉络等。"了解"的要求，一是要"准"，历史是一门科学，科学要求准确严谨，这就要求历史学习要建构明确的时空观；二是要"全"，即方方面面，全面掌握。在给学生学习目标的基础上。"了解"这一步可以放手给学生去操作。

"理解"是历史学习第二步，是历史学习的关键。历史学习要求弄清历史事件、历史现象的因果关系，揭示历史偶然性和必然性的辩证联系，理解重要的历史概念等，理解的要求是"深"。教师应适时引入问题情境，进行探究性学习。

"见解"是历史学习第三步，是历史学习的目的。读史使人明智，历史学习要从历史的成败得失中总结经验教训，从纷繁的历史现象中获得深刻的历史启迪，要善于在历史的联系比较中获取历史认识。"见解"的要求是"新"，即要有新意，不可人云亦云。要去感受历史，从历史中获取人生智慧，要学以致用。

例如："人教版"选修4第四单元第1课《中国民主革命的先行者孙中山》的教学。

在历史学习的"了解"阶段，教师指导学生自学概括了解孙中山在不同革命阶段的主要活动等相关史实。在深入"理解"阶段，教师引入探究问题，引导学生进行深入分析，揭示历史事件发生的原因、影响及其间的联系。最后"见解"阶段，通过学生评价历史人物活动，在联系比较中，获取历史认识和感悟。

孙中山伟大光辉的一生

阶段	主要活动	问题探究	认识（评价）
辛亥革命前	①行医——从事政治活动 ②上书改良——反清革命 ③兴中会——同盟会（三民主义）	探究活动1	①坚持不懈的奋斗精神 ②伟大的爱国主义精神 ③与时俱进的时代精神
辛亥革命——护法运动	①建立民国、任总统，颁布系列资产阶级法令和制度 ②组织策划多起反袁和反段独裁统治的武装起义，捍卫民主共和	探究活动2	
护法运动后——1928年北京病逝	①伟大转变——国共第一次合作 ②抱病北上，谋求和平统一——病逝北京		

4.教学媒体的简单实用

在现实的历史课堂教学中还是时常看到这样的情境——信息技术手段在教学中的应用，让我们的历史课堂变得更加精彩和完美的同时，却由于过于追求互动与高效，使历史课堂开始出现畸变。

课件是教学的辅助工具与手段，是教师教学设计的承载工具。教学过程如若受课件设计束缚，师生之间的反馈和互通就会缺少真实的交流，历史课堂也就丧失了它应有的生机和活力。因此，我们必须改变这一华而不实的媒体运用手段，让媒体真正成为提高教学效益的辅助。

（1）该出手时才出手——精用

如果其他手段能够很好地实现教学目标，教师可以不用多媒体。

例如："人民版"必修第三册专题二《中国古代的科学技术与文化》（一）《中国古代的科学技术成就》的教学。

教师A：在讲解印刷术的发明时，引用网上下载的一段有关"毕昇发明印刷术"的动画视频，时长5分28秒。同学看完视频后，教师再次运用多媒体展示视频中的相关截图，进一步讲解活字印刷技术的原理与影响。整个过程耗时又费力。

教师B：在讲解印刷术的发明时，让学生在橡皮上刻画一个"大"字，再沾点墨水，印在白纸上，简单的操作，却能令人全然明了活字印刷技术的原理。整个过程省时又省力。

当然,有的教学难点采用常规手段很难突破,这时使用多媒体课件能取得比较好的效果。

例如:"人民版"必修第三册专题七(一)《近代物理学的奠基人和革命者》的教学。

课中提到爱因斯坦的"广义相对论",教师往往无法向学生完整、正确解释什么是"广义相对论"。这时,教师可以引入电影《星际迷航》和清华大学教授在《探索发现》栏目中解释相对论两段视频,通过视频演绎和专家的讲解就能使学生形象地理解爱因斯坦的广义相对论。

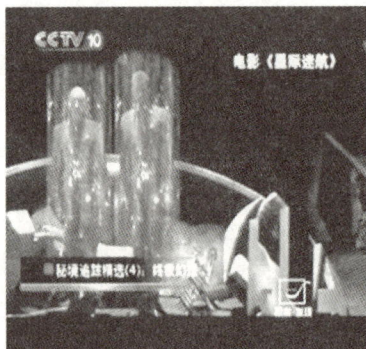

电影《星际迷航》　　　　《探索发现》清华大学教授解释相对论

(2)学会驾驭多媒体——巧用

同样的多媒体课件,让不同的老师来执教,有时效果却迥然不同。

例如:"人民版"必修第一册专题三(三)《新民主主义革命》中关于五四运动的教学。

课件中同样引入了两段电影《我的一九一九》的视频片段。该电影以巴黎和会为背景,讲述了中国外交才子顾维钧作为中国代表团一员参加巴黎和会的经历,与本课主题非常切合。

片段一:法国外交部大厅,中国外交官顾维钧(陈道明饰演)展示捡到的一块怀表,由此引发与日本代表牧野男爵关于怀表是赠送还是偷窃的争论,进而引申出顾维钧对中国山东问题的严正声明和对日本在一战中窃占山东的事实的阐述。

片段二:巴黎和会的签字现场,轮到中国签字,顾维钧痛斥该条约是强盗的条约,并代表中国政府和人民拒签和约。

教师A在引入第一个片段后设问:请结合教材,概述五四运动发生的原因。在引入第二个片段后设问:中国代表是否签了该和约? 五四运动的结果如何? 老师A的设问苍白无深度,电影片段与教学目标的衔接度设计不够,教学只是停留在视觉的感性层面。学生观看了影片,还没有深入地思考,就浮光掠影般地一滑而过。

教师B在引入第一个片段后设问:外交官顾维钧与日本代表牧野男爵争论的实质是什么? 对此,顾维钧提出了哪些理由?

在引入第二个片段后设问:①顾维钧在巴黎和会的签字仪式上做了一个让帝国主义预料之外的举动——拒绝在和约上签字。这是不是意味着北洋军阀出于捍卫民族尊严,维护国家主权和领土完整而做出的决定? 为什么顾拒绝在和约上签字? ②五四运动到底是一场什么性质的运动呢?

教师B较好地使用了引入的两段视频,课堂教学设问和教学互动是结合电影和教材内容展开的。使得围绕视频材料引入的问题自然、有效,学生观看电影片段后,能结合问题思考探究,电影情节成为他们学习探究和突破疑难问题的重要素材。

(3)从学生实际出发——活用

在制作课件时,由于教师对学生的现实起点估计不足,导致课件预设与教学现实不相符合,往往会形成一些尴尬局面,甚至会导致知识的变相灌输,阻碍了学生的发展。

例如:"人民版"必修第一册专题五(二)《外交关系的突破》的教学。

教师授课时以今天中国面临的两大外交难局——钓鱼岛争端与南海主权争端为导入,进而引申到20世纪70年代中国外交关系的突破。但在引申过程中,教师讲述了三个历史事件:其一,1969 年苏联入侵中国珍宝岛;其二,1961 年美国侵略越南;其三,1950—1953 年的朝鲜战争。

虽然这样的设计是合理的,但由于在学生的知识储备中还没有中苏关系于 20 世纪 50 年代至 60 年代恶化这一点,所以当学生还在中苏关系恶化这一问题上疑问重重时,直接将这一事件作为 20 世纪 70 年代中国外交关系出现的重大难局的历史材料,就会让学生有些力不从心了。

5.教学语言的简洁流畅
(1)问题语言要简明清楚

例如:"人民版"必修第二册专题六(三)《当代资本主义的新变化》的教学。

教学中,教师引用教材中"1980—1989 年美国经济增长速度状况图表"。

年份	1980	1981	1982	1983	1984	1985	1986	1987	1988	1989
增长率	−0.3	1.9	−2.5	3.6	6.8	3.4	2.8	3.4	4.6	3.0

希望学生从数据材料中得出以下结论:

①20 世纪 80 年代初,美国经济开始复苏,逐渐摆脱 70 年代以来的经济滞胀困境;

②1982 年以后,美国经济连续增长;

③说明里根政府实行供应学派和货币学派理论的主张,对经济的调节和干预是有效的。

于是,教师在课堂中提出了以下一系列设问:

①请同学观察美国"1980—1989 年经济增长速度"表,概括美国在这一时期的经济发展状况。

②表中有两个年份的增长数字出现了负值,这说明了什么?

③1982 年以后,美国经济没有出现负增长现象,是否说明了美

国经济已经渡过了 20 世纪 70 年代以来的"滞胀危机"?

④这一阶段的美国总统是谁?他采取了哪些政策对美国经济发展产生了深刻影响?

⑤试结合课本进一步分析这一阶段美国经济演变的原因。

教师的设问看似指向性明确,设问也是层层递进,但显然设问使用的表述语言过于繁复臃肿、信息量过多,不利于学生的接纳。

教师如果改变设问为:请根据图表反映的信息,描述美国在 1980—1982 年和 1982—1989 年两个阶段的经济发展状态,并尝试从国家政策层面分析出现这一状态的原因。这样就使问题的指向更清晰了,教师运用设问语言也更简洁明了,学生分析理解也会更加到位,教学效果自然更佳。

(2)过渡语言要简单自然

课堂中,师生互动的发生,往往需要教师的过渡性语言的引导。实践证明,一个优秀教师所用到的追问性、引导性的过渡语言次数要比新教师多,并且语言的设计往往简洁明了、自然贴切。

例如当学生想了解课本上的知识时,教师说:"就让我们带着猜想、疑问、期待的心情,一起看书自学,仔细研读,必有收获……"当学生在交流了看书收获后,还有疑惑不解时,教师说:"刚才看书,大家收获很多,疑惑也不少,怎么办?就让我们齐心协力,继续向深处进发!"当学生迫切想知道学了有什么用时,教师以幽默的语言说:"欲知作用如何,请听下一单元分解。"余音绕梁,激起那些性急的学生立马翻书查看下一单元内容。

(3)评价语言要简练善诱

历史课的评价语言力戒廉价表扬,要真实坦诚,循循善诱,激发学生进一步的思考。它是教师充分展示教学个性的一个平台,在追求简约化课堂过程中显得更为重要,它有助于对学生心灵的激励、唤醒、调节和启迪。

　　例如："人民版"必修第三册专题一（一）《百家争鸣》中关于春秋战国时期"百家争鸣"这一文化繁荣现象出现的原因分析。

　　教师：春秋战国时期，人们相互争辩，相互学习，各自提出关于自然、社会和人生的主张，形成百家争鸣的局面，这是中国古代历史上第一个思想繁荣的高峰。那么，这一文化繁荣现象出现的原因又是什么呢？

　　学生甲：嗯……那个时候的读书人阅历广、胆子大，也没有一个统一的专制政府去限制他们的言论，所以大胆地说出了自己的主张。

　　教师：你的分析打开了我们进一步探讨的思路，不过老师想搞清楚另一个问题，当时"没有一个统一的专制政府"，那么，当时的中国处于一种怎样的境地？

　　学生甲：国家大分裂，各诸侯国之间战争不断，兼并战争、统一战争正在进行中。

　　教师：很好，这是一个"王室衰微、诸侯争霸与兼并不断的时代"。那当时的社会经济领域又有什么新发展？

　　学生甲：对了，这个时期生产力显著发展，铁犁牛耕技术出现，西周以来的井田制逐渐崩溃，封建土地所有制在逐步确立，封建经济在发展……

　　教师：好，很不错。一般我们分析文化现象的时候会用到"社会存在决定社会意识"这个原理，你再想想看，还有哪些"社会存在"我们还没有考虑到？

　　学生甲：嗯……社会环境和当时统治阶层的文化政策……

　　显然，教师采用的是不以成绩为导向而是以信息为导向的反馈评价，对学生的回答，教师不是简单的否定和虚伪的肯定，而是循循善诱，引导学生做进一步思考。这样既能让学生体会到教师的宽容，又能启发学生的思维，提高学生学习的积极性。

6. 教学设计留有余地

中国传统文化中,儒家主张"入世而社会有为",道家主张"出世而自然无为"。我们习惯于利用自己的权威,直接干预和指导孩子改变其行为。作为教学的实践者,要重视"有为",有所为而有所不为。

国画中讲究"空白"艺术,追求"似与不似"之间的"神似",个中情趣又如何能说得出、道得明?"桃李不言,下自成蹊",有时过多的表白是矫情的,这时的语言是苍白的,这时的体会是无力的,也是多余的,"一切尽在不言中"、"此时无声胜有声"。

(1)开放导入时留白

导入留白,意在激起学生探索的欲望。课始,教师依据教材内容,抓住学生好奇心强的心理特点,精心设计,将留白巧妙地运用到导入中来,有意给知识蒙上一层"神秘"的面纱,以诱发学生的学习兴趣,使其尽快进入到最佳的学习状态中来。

例如:"人民版"必修第三册专题二(二)《中国的古代艺术》的教学。

教师:我们的校园,有很多地方散发着浓浓的书法艺术的气息。今天,我们就跟着一位叫小D的同学游览学校,来领略古代中国的书法艺术之美。

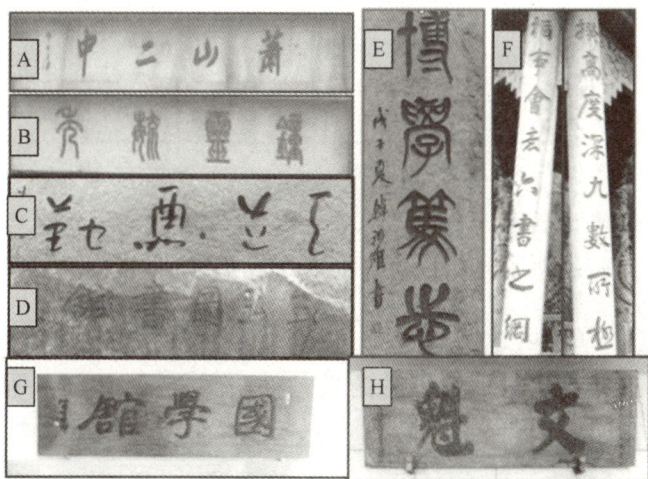

　　小DQQ空间的评论：中国书法真是极具个性与美感呵，可惜我并不清楚这些字的字体和特点，要是有个导游给讲解一下多好啊！

　　小DQQ空间的评论：都说二中的国学馆有特色，一看震惊了，这么多宝贝……再晒几张漂亮的东东……楼梯转角处的中国画太美了。中国画分成山水画和花鸟画两大画派。山水画重写意，花鸟画重写实。本人比较喜欢花鸟画，这可是中国画的精粹呵。

　　多媒体展示小D参观二中后，在其QQ空间里晒出的游玩照片和他的评论。此时，学生静静地欣赏图片，被校园中浓郁的书法艺术氛围所感染。

　　导入是一堂课的序曲，教师巧妙地将留白融于导入中，从一堂课开始便设置悬念，紧紧抓住学生的注意力，从而引起他们强烈的探索求知欲望，使其积极主动地参与学习。

（2）多维互动时留白

高中生的自主意识与思维的批判性明显较强，认知过程和情感的变化也表现出明显的目的性和自觉性。对于枯燥的教材说教与教师苍白的语言阐述，带有明显的怀疑态度。而图片、音乐、诗歌、对联等形式是人们喜闻乐见、广为流传的知识、文化传承载体。在中学历史课堂上用好、妙用这些载体,在情感、态度与价值观教育中可收到事半功倍的理想效果。

例如:在讲到近代中国的民族巨大苦难历史时,教师适时地展示《南京大屠杀》油画。

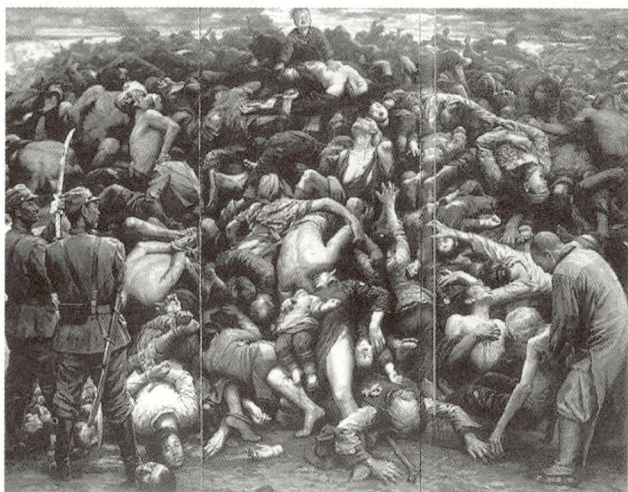

旅美华人画家李自健从 1993 年起,以"人性与爱"为主题自费举办
油画环球巡回展。该作品反映了"南京大屠杀"这一历史事件

这些源自于真实历史事件的图片本身就是历史的载体,在无比真实的历史面前,任何语言都无法与之相比。所以当老师呈现这些照片时,不如保持沉默,留一段教学的空白点,此时无声胜有声,让学生在事实面前感悟国家、民族的巨大不幸与耻辱,从而形成正确的价值观。

(3)课堂结尾时留白

课堂结尾是一堂课的曲终,如设置好留白会激发学生进一步探究的兴趣,取得"言虽尽而意无穷"的教学效果。

例如:"人民版"必修第三册专题五(一)《人民教育事业的发展》的教学。

教师在课堂结尾并未对教育事业的发展再作小结,而是选择运用多媒体给出以下情境:

　　教师选择了"无声"，但学生却可以从母校的发展历程中感受教育事业在不同阶段的成就和特征，从而体会科教兴国的内涵，树立勤奋学习的理想。

20世纪50年代的萧山二中校园　20世纪80年代的萧山二中教学楼　21世纪初的新校园

1958年师生支援"三抢"　　　　　20世纪90年代以来的杰出校友

　　目前的中学历史教学需要"洗尽铅华、返璞归真"，走向教学的简约，回归历史教学的本真。

　　(二)教学拓展要注意降低成本

　　为完成预设的教学目标，追求理想的课堂效果，教师往往会绞尽脑汁进行教学拓展。选择合适的教学资源、学习内容就成了有效教学的关键，而在教学资源、学习内容的选择中不得不考虑一个教学成本的问题。

　　教学成本是指为达成某一教学目标所付出的财力、人力、物力等，它与教学效果应该是成正比的。如果付出了教学成本而没有收到相应的教学效果，或者用更低的教学成本也能达到同样的教学效果，那这样的教学成本就偏高了。

　　1.学习情境创设忌联系不当

　　在历史教学中，经常看到教师用大量的精力创设与学习内容无关或低相关的故事情境，并贯穿于一节课的始终。

例如："人民版"必修第一册专题二《近代中国维护国家主权的斗争》(三)《伟大的抗日战争》的教学。

教师在课上采用音乐作为全课的主线,音乐既是这节课几个内容间的过渡设计,也是情感、态度与价值观渗透的主要载体。在整个课的教学过程中,课堂上屡次响起相关的音乐。

以《鬼子进村》的电声音乐来引入日本侵华的相关事件,并突出日本侵华的暴行。

继而以《大刀歌》和《义勇军进行曲》展现"关内外的抗日救亡运动"中二十九军的长城抗战和东北军民在日军占领下的不屈斗争。

再以《黄河大合唱》来表现在民族危机深化的情况下,全民族人民同仇敌忾,国共实现第二次合作,在抗日民族统一战线领导下,全面坚持抗战的场景。

最后以《大生产运动》描绘中国共产党坚持敌后抗战,并以《解放区的天是蓝蓝的天》强调中国共产党领导的敌后抗日根据地在抗日战争时期所起到的中流砥柱的作用。

应该说,该教师在对音乐的引入和处理上还是有其独到的设计的。但本节课的设计与教学,却让同一种教学载体反复地出现,音乐的欣赏冲淡了本课的教学效果,学生沉浸在对音乐的赏析中,却忽视了知识的落实、问题的探究和学科方法技能的掌握。

2.学习材料准备忌花钱费时

《课程标准》提出:在掌握基本历史知识的过程中,进一步提高阅读和通过多种途径获取历史信息的能力;通过对历史事实的分析、综合、比较、归纳、概括等认知活动,培养历史思维和解决问题的能力。为培养这些能力,我们在历史教学中要为学生提供有用的相关的学习材料。而只要是能完成教学目标的材料,都应是"有用"的学习材料,而不是看这些材料如何的精致、逼真、美观。

例如:"人民版"必修第三册专题二《中国古代的科学技术与文化》(二)《中国的古代艺术》的教学。

浙江省2012年版《历史学科教学指导意见》对"京剧"艺术的教学要求表述为：了解京剧的产生和发展的历程，感受中国古代艺术的魅力，培养对民族文化的认同与自豪感。以下这位教师的教学处理就值得商榷了。

教师先通过视频播放电影《霸王别姬》中京剧舞台表演的片段，来展现京剧艺术的特点。接着向学生展示淘宝网上买来的各色脸谱面具进行特点的说明。此外，教师特意向剧团租借了两套戏服，邀请了学校表演社的学生，依着电影《霸王别姬》片段中京剧表演的情节进行表演和展示。教师随后还不忘一展歌喉，现场清唱了一段《苏三起解》："苏三离了洪洞县，将身来在大街前。未曾开言我心内惨，过往的君子听我言。哪一位去往南京转，与我那三郎把信传……"

整堂课热热闹闹——电影片段播放、实物展示、学生戏服展示表演、京剧清唱……教学过程的展开夹杂了太多的浮华。其实为了达成"了解京剧的产生和发展的历程，感受中国古代艺术的魅力"的课标要求，通过简单的视频和图片展示说明完全能够做到。所以，本案例中教师"花钱费时"的做法不值得倡导。

3. 学习方式选择忌有形无实

转变学生的学习方式是新课程的核心动作。在课堂教学中，"自主探索、合作交流"成了学生学习的重要方式。如果教师不能很好理解学习方式与学习目标之间的因果关系，盲目选择学习方式，将会降低教学效果，浪费学习时间。

例如："人民版"必修第一册专题五（二）《外交关系的突破》的教学。

教师设计模拟联合国会议，把班级学生分为亚非拉一方、资本主义一方、社会主义一方。围绕中国重返联合国议题，各组派代表进行申述。由于背景材料提供不够详实，学生只是照着课本内容作苍白的陈述。

这时,教师又让三方学生角色互换,从其他方的立场,再进行讨论和思考。这下,学生又陷入思维的困顿,各组内学生观点不统一,各种争论不断,场面一度失控。

教学环节复杂,教学过程出现一种"畸变",学生的学习可能被扭曲和异化。课堂成了包罗万象的大染缸,更像个打翻了的五味瓶,使原本简单的课千头万绪,枝繁叶茂却不见树干。

4.学习手段运用忌太过潮流

随着教学信息化的飞速发展,教学工具也逐步走向现代化。iPad 作为一个专门的教学移动平台,进一步推进了教学信息化,使教与学不再受地域、时间的限制,应用于课堂教学已成为一种"时尚潮流"。

iPad 在课堂上的应用,目的是期望改变传统课堂结构,促进学生自主学习,但关键在于教师要跟上教育教学观念,要及时了解学生真实的学习情况,随时准备解决他们面临的问题,否则学生在课堂上虽然是积极的参与者,是新技术的体验者,但真正获得的知识和学科技能却不多。

例如:"人民版"必修第三册专题二(一)《中国古代的科学技术成就》的教学。

教师设计了一个"了解——理解——见解"的历史学习三部曲环节来引导学生自主学习。其中,"了解"环节主要是了解史实。为了增加学生课堂学习的主动性并体验新技术给学习带来的便捷,教师在学习任务"了解四大发明的产生及演变过程"这一内容时设计了这样的环节:将全班分成四个学习小组,进行"冲关我最棒"的知识竞赛。

教师:请同学们通过 iPad 上网搜索来完成"四大发明的产生及演变过程"的表格。注意哦,我们是分小组竞赛,看哪个小组又快又准确。

中国古代的科学技术成就

类别	具体成就	了解:发明时间、概况、发展历程	理解:问题探究、原因、影响……	见解:启示、认识……
造纸术	最早的纸			
	蔡侯纸			
印刷术	雕版印刷			
	活字印刷			
指南针	战国			
	两宋			
火药	发明历程			

　　学生开始分小组讨论并运用 iPad 上网搜索。教师在这个过程中不停地在四个小组间走动,观察学生上网搜查的情况。10 分钟之后,各小组基本完成了本小组承担的任务,教师要求各小组派代表来完成表格中"了解"部分的内容。

　　学生甲:老师,"百度知道"上有这样的提问——世界上最早的纸是在哪儿造出来的? 是中国还是埃及啊? 我认为有位网友的回答很正确:真正意义上的纸,当然是中国,蔡伦用织物、树皮造出了沿用到现在的纸。至于其他的,没有纸之前,中国用竹木简、绢布,西方人用羊皮、木头,埃及人用纸草,就是一种树叶,不能算作是纸。所以,纸是东汉蔡伦发明的。

　　学生乙:我查到的是这样的:在一般的认识里,很多人多以为是东汉时期蔡伦发明造纸术,最早出产纸。但现在考古发现,在西汉也已经有了纸,证明就是马王堆一号墓葬群。所以,纸是中国最早发明的,而且就在西汉时期。

　　老师:……(陷于困顿)

技术的进步,是否意味教学手段必须要适应新技术的要求作出调整? 网络信息功能的强大是否意味着可以抛开教材? 本堂课,给出了一个值得深思的疑问。基于学生认知能力发展的不完整,他们在使用 iPad 进行辅助学习时,会面临各种信息要进行选择。但是,在选择时学生可能会出现信息冲突而无所适从的现象,这样无疑加大了学习的负担和压力。

无论是 iPad、其他平板电脑还是电子书包,都很时尚、很新潮。可从本质上说,电子书包是教育理念的创新,是教学模式、学习方法的变革,而不是媒介的改变,不是简单的硬件、软件和教学内容的结合。任何现代技术,都是服务于教育教学的工具。我们知道,生产工具代表着生产力,但是还得有相应的生产关系与之适应,这样才能推动社会向前发展。在教学改革中,教育教学理念就是生产关系,如果我们过分强调工具的重要性,追求教学手段的花哨,而不改变教育理念、教育评价体系,这种工具的力量就会受到束缚。只有跳出应试教育的怪圈,关注学生个体的发展,树立素质教育的理念,才能真正发挥电子书包等现代工具的作用。

5.学习体验总结忌太过风情

时下的历史课堂"感悟"、"体验"渐成一种时尚。历史课上,学生往往还没读几遍书,教师便迫不及待地让学生"说说你的体会"、"谈谈你的感受",有时还一阵穷追猛问:"你还有什么与别人不一样的体会或感受?"

例如:"人民版"选修第四册专题四(一)《中国民主革命的先行者孙中山》的教学。

在孙中山弃医从政后,教师便让学生谈谈对职业选择的认识。

孙中山上书改良受挫后,教师又让学生谈谈体会。

南京临时政府成立,孙中山就任临时大总统,教师让学生角色互换,谈谈就任总统感言。

在捍卫共和斗争的屡屡失败之后,孙中山转变了政策,促成国共合作,教师又让学生谈谈感悟和体会。

整堂课,学生被强加的情感体会所累。在知识还没真正消化、材料还没深入理解的时候,所谓的感悟、体会只能是空中楼阁。

现在的一些教学经历了太多的"风情":与思想结太深的缘、与政治贴太紧的心、与精神攀太近的亲。在它逐步走向正轨的时候，我们不要为了追求过分的花哨与热闹而再次让它脱轨出道。

四、结语：教师在教学简约和拓展中追求"完美课堂"

完美的课堂教学，是每个教师的孜孜追求。教学目标的全面、教学内容的丰富、教学方法的多样、教学环节的顺畅、教学手段的齐全、教学气氛的热烈、教学结果的无瑕，是教师想唱响的课堂教学的完美之歌。教师通过教学拓展力争在每一节课中做到全面兼顾和"达标"，期盼获得尽善尽美的教学效果。

其实，在教学中，"完美"并不等于"花哨"、"细致"、"扎实"，有时，"完美"反而是"简单"、"留白"、"遗憾"。一方面，教学的简约恰恰给了学生学习的不简单；另一方面，教学永远是一种遗憾的艺术。也就是说，教学很难达到十全十美的境界。我们的教学不可能一次承载太多的"重任"，也不可能一次承接太顺的"合成"。"一应俱全"、"一帆风顺"的教学未必就一定完美。当你用所谓"完美"的指标去"配置"和衡量你的课堂教学时，蓦然回首，你可能会发现在诸多"圆满"之中，反而失去了其他一些宝贵的东西。

诗人舒婷说："我简单而丰富，所以我深刻，我简单而丰富，所以我不简单，保持简单的心，走不简单的路。"教育教学也是这样。

第三篇

"关注个性"与"关注共性"

关注个性与关注共性是矛盾的统一体。课程改革的基本理念不仅指明了"教育应当尊重学生在学习过程中的个性差异",而且还清楚地指出"不同学生的学习活动必然具有一定的共同性和规律性"。保持"个性化与社会化"、"个体差异与学习活动的共同规律性"等一些对立面之间的适当平衡才是教育积极发展的基础。

一、讨论源起

【对话语录】

"关注个性"与"关注共性"

"关注共性"对"关注个性"说:"世界有了规范和统一,才那么美丽。"

"关注个性"反驳"关注共性"说:"世界有了独特和创新,才那么美丽。"

世界说:"别争了,你们都是我的情人。有了你们,我才美丽,缺了任何一个,我就会逊色。"

新课程教育倡导以学生为本,其实质是注重每个学生共同发展与个性差异相统一的要求,学生的个性化发展必须建立在落实课程目标的基础上来实现。

然而在现实教学中,我们却经常看到两种教学失衡的现象:一是有的教师过于关注共性而忽视个性,教师主宰课堂,学生只能与教师异口同声,为了达成教学要求而忠实地成为听众,难以发表自己的独特体验和不同见解。

二是过于关注个性而忽视共性。新课程教学中,关注了学生的个性。教师在教学目标的制订上,变"统一目标"为"分层目标",变"强化基础"为"张扬个性",一度使课堂教学呈现出勃勃生机。但是,时下课堂教学中个性化的多元理解有被误解的现象:一是把多元理解误解成想怎么理解就怎么理解;二是把多元理解误解成可以没有核心理解,或者可以没有主要观点,甚至可以抓住局部来曲解全篇;三是在多元理解中教师可以没有主观意见,不能否定质疑学生的理解;四是在多元理解后教师不让学生进行评价,而是直抒己见,把自己的体验强加给学生,"个性化"蜕变为一种形式。

另外,许多教师为了体现个性化教学,对教材进行重新设计和开发,这样的创新行为,值得提倡。但是,有些教师往往只注意素材的生活性和趣味性,而忽视了素材本身的指向性和科学性,改编素材的随意性较强,甚至发展到了"为改而改,不改就体现不出创新"的程度。

【课堂实录一】

"保守"现象:偏重"关注共性",轻视"关注个性"

例如:"人民版"必修第一册专题二(一)《列强入侵与民族危机》的教学。

围绕"《南京条约》的签订及其历史影响"展开了教学互动讨论。

教师引入《南京条约》原文部分材料:"兹因大清大皇帝,大英君主,欲以近来之不和之端解释,止肇衅,为此议定设立永久和约……二、自今以后,大皇帝恩准英国人民带同所属家眷,寄居大清沿海之广州、福州、厦门、宁波、上海等五处港口,贸易通商无碍;且大英国君主派设领事、管事等官住该五处城邑,专理商贾事宜,与各该地方官公文往来……"

教师设问:材料中涉及哪些《南京条约》的内容?

学生甲:"五口通商",除原来的广州,又增开了福州、厦门、宁波、上海等口岸。

教师追问:除了"五口通商"还有什么内容?

学生甲思索后补充:派驻领事和英国人可在中国通商口岸居住。

教师:对! 这就是后来《南京条约》附件中(《五口通商章程》和《虎门条约》)出现的领事裁判权和居住及租地权。"五口通商"显然对当时中国产生了巨大影响,同学们请试着分析它的影响。

学生展开小组讨论,并陆续有学生准备好了发言。

学生乙:我认为通商口岸的开放是对中国主权的一次破坏,中国完全是被迫接受开放的,但通商口岸事实上最终成为中国近代化程度最高的城市,譬如上海就逐渐成为中国的工业基地、技术中心、商业中心和金融中心,对推动中国经济和社会现代化发展发挥了带头作用。

教师有些急了:这样看来,被迫开放的通商口岸对中国还是件好事情喽! 同学们,还有什么新见解?

学生丙:中国原来是"闭关锁国"的,清朝自上往下没有人了解西方,有了通商口岸,特别是西方人大量地出现在中国的通商口岸居住、经商,使得中国人有了一个近距离了解西方社会的窗口,我认为它是中国了解和学习西方近代化工业文明的窗口,加强了中国和世界的联系。

学生丁:外国商品通过通商口岸大量进入中国,对这些区域的自然经济是一种破坏,为我们民族工业的起步准备了一些条件,中国也因此走向了现代的工业文明。

教师极不耐烦:够了,各位同学! 如果循着我们几位同学的分析,那么被迫开放的通商口岸,显然促进了中国的现代化喽,这不就是侵略有功了吗? 事实上,五大通商口岸的开放,直接有利于英国等西方列强对中国进行商品倾销,可以说通商口岸是西方列强对华商品输出和资本输出的基地,它使中国东南门户大开,便利于英国对华侵略,是中国半殖民地化进程开始的证据,使中国被纳入资本主义世界殖民体系。——这个结论才是教材"列强入侵与民族危机"想要表述的结论……

点评分析:本案例中,学生通过小组合作讨论后发表的认识均有一定的道理,可以说是从不同的历史观角度对通商口岸在中国近代历史上的影响作了客观分析,教师本可以通过引导使学生获得全面评价历史事物的方法,但教师囿于传统观念、考试结论、"课标要求"等理由,最终扼杀了学生的个性思维,这是以后教学中再多的复习补充都无法弥补的缺憾。

课堂中,为完成教学任务和考试要求,教师往往把大量结论性的观点强制灌输给学生,忽视个体的知识建构过程,反对任何游离与所谓的标准答案之外的观点和意见,学生成为记忆的学习机器,长此以往思想因为缺乏争鸣而停止禁锢,课堂因为缺乏活力而死气沉沉。

【课堂实录二】

"激进"现象:偏重"关注个性",轻视"关注共性"

例如:"人民版"选修4第四单元第1课《中国民主革命的先行者孙中山》一课的教学片断就有值得商榷之处。

教师:孙中山先生被称为"中国民主革命的先行者",其对中国民主革命做出了不可估量的贡献。但"金无足赤、人无完人",请同学阅读教材58页至63页,试从全面性角度分析孙中山在民主革命阶段的历史贡献。

学生展开阅读和讨论。阅读与讨论持续了8分钟左右,学生纷纷发表对孙中山历史局限性的看法。

学生甲:孙中山作为革命先行者,在意志品质上讲是不够坚定的。比如孙中山青少年时期是学医、行医的,但最终放弃了医生职业,转行为从事革命活动;还有,孙中山原先主张通过改革来拯救中国,还上书过李鸿章,因为李鸿章不予理睬,转而投向革命;后来又与袁世凯妥协,让出总统位子。

学生甲的发言引发了连锁反应,而教师看到学生个个踊跃发言,喜形于色,对学生发言点头赞许。

学生乙:孙中山的民族主义思想始终是不足的,民族主义一开始还带有排满兴汉的狭隘的民族主义情绪,随后转变为主张民族平等的"五族共和",直到辛亥革命时还是没有明确提出"反帝"的民族主义口号,甚至还主动发表《告各友邦书》承认侵华特权保障列强在华利益。

学生丙:对啊,即使是新三民主义中,反帝口号已经明确提出,但如何反帝却是需要联合苏俄,没有认识到俄国是中国近代史上蚕食鲸吞我国领土最多的国家。

学生丁:软弱、妥协、天真,是孙中山性格中的一大弱点。如果孙中山能够更坚决些,辛亥革命果实就不会被袁世凯窃取……

点评分析:本案例中,教师将发言权交给学生,通过讨论、交流来激发学生思维,这是要肯定的,应该要看到,学生的观点中也是有可取之处的。

学生发表观点的过程,也正是他们积极参与学习活动、主动探索的过程,这个过程需要老师的正确引导。上述案例中,教师缺乏教学的引导,过于偏重"个性",忽视了"共性",导致部分学生观点偏激,缺乏对教材文本的尊重,缺乏对史学界已形成的共性观点的认同。教师组织学生个性教学的时候,不能为了人本,不要历史真相,当学生的观点脱离了历史真相和史学界主流观点时,必须要正确指导和纠正。

二、理性辨析

(一)有效教学需要处理好"个人建构"与"社会建构"的辩证关系

教育应当尊重学生在学习过程中的个性差异,同时学生的发展事实上也是一个社会化的过程,一个不断改变自我以适应社会需要的过程,学生的个性必须通过社会和文化的责任来协调。

每个学生都有不同的家庭背景与生活经历,从而形成了自己独特的认知和思维方式。这种差异不可避免地影响学生的学习活动。在新知建构和解决问题的过程中,表现为能从不同角度进行分析、思考,产生不同的方法。这些不同的方法,展现出学生不同的认知个性,也预示了学生不同的发展可能性。我们应当尊重学生的个性差异,促进学生的个性化学习。

社会建构主义认为，学生是在"理解"的基础上建构知识。这里的"理解"是指学习者已有的知识和经验对教师所讲的内容重新加以解释、重新建构其意义，个人理解虽然有差异，但不同学生的历史学习活动必然具有一定的普遍性和规律性。因为中学历史教育是公民教育的基础，有比较明显和浓厚的社会意识形态和共同价值观要求，这是由我国的基本国情决定的，也是由我们的文化传统决定的，更是由我们的价值取向决定的。

因此，学生个体在独立探究中，允许他们对知识有多元表征，但是不能误解了建构主义，盲目张扬学生的思维个性，致使学生的发展脱离社会和学科的根本发展要求。

（二）有效教学需要处理好"鼓励创新"与"落实基础"的辩证关系

历史新教材的许多教学内容是多元的，强调尊重学生的独特体验，尊重学生的创新发展。对于历史知识的学习，不能够只是简单地知识再认再现，应该培养学生的创造思维，独立的批判精神，但这并不意味着学生理解是可以随意的。

因为，在中学阶段每个学生都要面对学业水平考和高考，历史教育要求学生在学习史实的基础上，形成对历史本质性的认识，进而探寻历史发展的规律，要求学生掌握学科方法技能和认知能力。在学习中，学生必须根据教学大纲和学科指导意见的要求，认真落实基础，提高技能。

如果用打靶来作比喻，学生理解的多元是有限的，好像靶有不同的圆圈一样。打中靶心就是理解文本的核心，打在靶心的外围，就是六七环、三四环，这都是应该肯定，再往外就是脱靶了，就要纠偏和帮助回归。因此，必须要在学生完成基础发展要求上倡导"个性和创新"。

三、教学平衡方略

（一）促进个性学习与思维发展的策略

在历史学习中，每个学生认知发展水平和情意发展水平是各不相同的,其学习经验、需要也是不同的。新课程理念强调"为了每个学生的发展",即是强调学生的个性化发展。

1.处理好教师和学生关系,营造和谐课堂

教学是教师与学生交互作用的双边活动,师生之间的关系是教学环境中最为重要的因素,这一因素直接影响了学生的学习。在历史学习环境中,教师与学生之间的关系有其特殊之处,由于历史学习的内容具有过去性等特点,学生要进行直接的接触、观察是相当困难的,需要历史教师的介绍、说明、启发和引导等。由此,在历史教学中教师的主导性更凸现出来,而这种主导地位往往被教师无限扩大。

课堂上,师生间的关系,不仅仅是教与学的关系,更主要的是共同探讨、共同寻找问题的答案,在人格上,双方是平等的。我们必须满腔热情地对待每一位学生,相信他们能学好历史,尤其是那些学习基础不太好的学生,更要热情鼓励、耐心引导。师生间只有贯彻民主、平等的原则,相互尊重、平等相待,课堂上才会出现融洽的师生关系、愉悦的学习氛围。唯有如此,学生才能获得自尊、自信,才能具有积极思维、大胆发表己见的心理基础,每位学生才能主动参与教学活动。因为每一位学生对自己的认识都是建立在别人对自己的看法基础之上的,学生会在教师的眼神和态度中发现和认识自己,也愿意与能够以鼓励性方式评价自己的老师交流,因为他觉得这样的老师了解自己,对自己有益。

当然,课堂上的宽松、民主、平等并非意味着杂乱无序、随心所欲,教师要建立反馈评价的课堂教学常规,学会控制学生的回答。对于未经举手而讲出来的回答不要接受。假如有几个学生七嘴八舌地讲出答案,教师对他们的肯定等于鼓励他们这种无规矩的行为,这样将导致提问和教学都无法控制。

2.把握好认知心理和思维特征,优化问题场景

学生的学习具有个性特点,这反映了学生的学习思维存在明显的个性差异。有的偏向于逻辑思维类型(如分析、比较、概括),有的偏向于形象思维类型(如直接鲜明的事物、人物、地名、各类条文的内容),有的热

衷于历史之谜的探究,有的专攻经济史、政治史、思想文化史、军事史等,不一而足。教师的提问设计应符合学生的个性特点,在课堂教学中,教师适当设置些菜单式的问题让学生独立选择,可有效激发不同学生的积极参与,有助于学生的个性发展。

例如:"人民版"必修第二册专题一(四)《古代中国的经济政策》的教学。

结束前,教师可以设置这样一组问题供学生独立选择,以激发不同学生的积极参与。

A. 阅读书本中《吕氏春秋》的内容,思考古代中国封建政府实施"抑商"政策的主要依据是什么。

B. 重农抑商政策将会在封建社会末期产生怎样的消极影响?

C. 海禁政策之下,中外交往是否是全面禁绝的? 为什么?

D. 判断资本主义萌芽的主要依据是什么? 如何理解"海禁"、"重农抑商"政策对资本主义萌芽发展产生的消极影响?

学生学习的个性特点,也反映在学生的学业水平的差异性上。有的学习刻苦,成绩优秀;有的能力有限,成绩一般或较差。为了调动每个学生学习的积极性,让他们主动参与教学过程,这就需要正确地处理好提问设计的"点"和"面"的关系。提问设计要注意辐射面,既要照顾"点"(即成绩优秀学生),又要照顾"面"(即成绩一般或较差的学生)。只顾"点",不顾"面",会挫伤大部分学生的学习主动性和积极性;只顾"面",不顾"点",又会影响尖子生的培养。

要做到提高设计不"顾此失彼",关键在于教师能正确把握问题的难易度,遵循量力性原则。历史课堂提问的优化设计必须从学生实际情况出发,注重学生年龄特征、知识水平和接受能力,这就是量力性原则。具体体现在:第一,问题必须深浅适度,如果脱离学生实际,要求过高或过低,就不能激发学生的思维积极性;第二,提问要面向全体学生,按班级中上级水平设计问题,同时也要为优、差两头的学生和针对一些特殊学生的个性特点,设计出一部分问题,以发挥每个学生的积极性。

怎样才能使提问设计的难易适度？教育测量中的"难度"概念为提问提供了数量数据。难度 $pH=1-P/W$，W 表示课堂内学生总数，P 是答问通过的人数。难度 pH 在 $0\sim1$。若难度为 0，全体学生都能作答；难度接近 1，几乎没有学生能回答。这两者均不能达到提问的预期目标。因此，提问的难度一般应控制在 $0.3\sim0.8$，使大多数学生通过努力都能作答。

一般教师发问后，应给学生留适当的时间，组织自己的答案。学生最不满意的就是停留 $1\sim3$ 秒后就开始点名，而这正是大多数教师的一贯做法。然而，从实际效果看，学生在被要求立即回答时，由于紧张、准备不充分的缘故，通常会答不出或答错。这样更多的时间可能会浪费在给学生的提示或纠错上。$7\sim9$ 秒的等待时间最受学生欢迎，学生有了一定的时间思考后，他们答对的概率将大大提高，答案也会显得比较完整。教师提问后留给学生的那段思考时间，是学生思维最活跃，也是知识结构迅速重组的最佳时期。

3.处理好学习中的评价关系

(1)延迟性评价

我们倡导课堂延迟评价方式，当学生说出一种想法后，教师不要急于对这种想法进行评价，也不要急于利用这种想法把学生的思路引到教师或教案的思路上。而是要让学生的发言处于一种自然发展状态，给其他学生提供充足的表达自己想法的时间，这样就会使新的想法紧接着出现，形成多样化的解决问题的局面。

例如："人民版"必修第二册专题六(二)《罗斯福新政》的教学。

教师是这样来处理新政措施"举办救济和公共工程"的影响分析的。教师通过多媒体展示 1933 年《联邦紧急救济法》的基本内容、田纳西水利工程和民间资源保护队等史实。

教师：罗斯福新政中举办救济与兴办公共工程的举措，对缓解 1929—1933 年资本主义经济危机起到了极大的作用，有学者甚至指出其作用是一箭多雕。请同学结合教材和课件呈现的材料分析其作用。

学生讨论并回答。

学生甲：兴办公共工程，等于是国家政府财政开支来制造就业岗位，比如田纳西水利工程，作为一个系统的全流域水利工程一次性吸收就业达10万人以上。

学生乙：兴办公共工程缓解了工人失业问题，得到就业岗位的工人也就有了工资，有了工资也就扩大了国内消费，包括社会救济也使得国内消费得以扩大。

学生丙：公共工程的兴办，比如说修建大型水坝和全国性公路网，不仅使就业扩大，这一工程需要大量钢铁、水泥、沥青、机械设备及其他辅助材料，实际上还拉动了国内基本生产资料的需求，带动这些企业的复兴。

学生丁：社会救济和以工代赈缓解就业问题，一定程度上缓和了资本主义经济大危机之下的社会矛盾，为罗斯福进一步推行新政提供了一个安定的社会环境。

四位同学表述了自己的观点，对这一措施的分析极有见地。这时，老师并没有对四位学生的观点加以评价，而是微笑着指了指课件展示的民间资源保护队。学生们像受到某种启发一下，再次讨论开了。

学生乙补充说：民间资源保护队不仅吸收了失业工人再就业，还通过从事造林、土壤保持、筑路等工作，开辟了数万英亩的国有林区和公园，改善了工业革命以来被破坏的环境。兴建的公共工程大量是涉及国家基础设施的，这些基础设施的修建，为经济的进一步发展提供了保障。

……

教师：同学们回答得很全面，要对这一问题进行分析必须要从经济危机造成的原因入手，经济危机的实质是生产过剩，是由市场消费不足和生产过剩造成的。同时还要利用好现有的书本材料和课件展示的材料，学会客观分析问题。

（2）多元化评价

在历史课堂提问的评价反馈过程中，习惯上是教师对学生的点评指导，强调的是教师的主导作用，学生的主体性得不到充分体现，这在一定程度上制约了学生的个性学习和思考，降低了教学提问的实效。因此，在课堂提问的评价反馈过程中，教师应适时组织学生开展独立讨论和互评。

例如："人民版"选修 4 第一单元第 1 课《统一中国的第一个皇帝秦始皇》的教学。

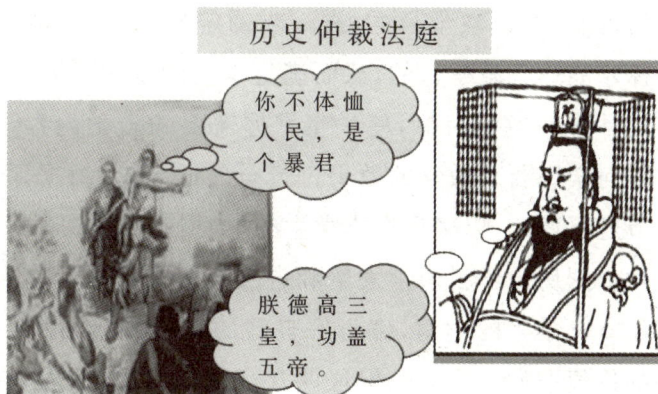

历史仲裁法庭

你不体恤人民，是个暴君

朕德高三皇，功盖五帝。

教师创设历史情境"历史仲裁法庭"，引导学生对"千古一帝"进行评论。

学生甲：千古一帝的秦始皇实则是个暴君。

学生乙：秦始皇在统一中国、建立多民族国家、确立专制主义中央集权上不失为千古一帝。

学生丙：秦始皇虽残暴，但残暴的目的是维系统一的多民族国家，应该算是个好皇帝。

学生丁：从每天批阅的奏章重量上看，秦始皇是个勤奋的君主。

针对学生的不同观点，教师可将学生分成若干组，每一小组独立选择讨论某一个问题，讨论完毕，一小组内学生代表陈述观点，其他小组进行评价或补充观点。这期间，教师应适时地以某一小组的成员身份介入,以起到有效激发讨论、引领正确方向、维持正常秩序的作用。

(二)促进个性学习与共性发展的平衡策略

1.学案导学教学策略

美国学者肯普给教学设计下的定义是:"教学设计是运用系统方法分析研究教学过程中相互联系的各部分的问题和需求。在连续模式中确立解决它们的方法步骤,然后评价教学成果的系统计划过程。"

一般情况下,教学设计要从"为什么学"入手,确定学生的学习需要符合教学的目的;根据教学目的,进一步确定通过哪些具体的教学内容和教学目标才能达到教学目的,从而满足学生的学习需要,即确定"学什么";要实现具体的教学目标,使学生掌握需要的教学内容,应采用什么策略,即"如何学";要对教学的效果进行全面的评价,根据评价的结果对以上各环节进行修改,以确保促进学生的学习,获得成功的教学。

当教师依据历史学科教学大纲和省级历史学科教学指导意见,并依据教学对象——学生的学情,编订好自己的教学设计,也就基本确定了课堂教学的价值取向。为有效保证课堂运行的方向,兼顾学生个性发展和共性发展,编制学案,运用学案导学的教学策略就成了最佳选择。

"学案"是教师在研读课程标准、钻研教材、分析学情进行教学设计的同时,根据本节教学内容及学科知识特点、教学目标、学生认知水平和认知规律而设计编写供教学用的学习材料。而"导学案"是教师编制的用于引导学生自主学习、自主探究的学习方案。作为一种学习方案,能让学生知道老师的教学目标、意图,让学生有准备地进入课堂学习。"导学案"是教学的一种手段,目的是变传统的封闭型的教学为开放型的教学。

例如:"人教版"选修4第一单元第1课《统一中国的第一个皇帝秦始皇》的教学。

导学案设置了"预习目标"这一环节。

预习目标

基本要求：简述秦始皇兼并六国的主要史实与秦始皇建立中央专制集权制度和巩固国家统一的主要措施。

发展要求：

①评价秦始皇的历史功过，感受秦始皇在国家统一过程中的雄才伟略；

②初步了解如何评价历史人物，知道评价历史人物的基本方法。

预习建议：在预习本课时应注意与必修一中"秦中央集权制度的形成"的内容相联系，从政治、经济、军事、文化等方面列表归纳秦始皇建立中央集权国家和巩固统一的措施，运用疆域图理解这些措施的作用，注重评价人物的正确观点和方法。

在具体操作上，教师可以在每一节新课教学之前，提前将新课学习任务布置给学生，要求学生根据"预习目标"要求与建议初步阅读教材，将"预习目标"中提到的几个知识要点直接在教材中划出，并在阅读教材中思考，形成疑点，做好记录。这一操作重视学生共性发展的需求，克服学生"不会"看书、不知如何预习的问题。

导学案设置了"预习疑问摘记"这一环节。

预习疑问摘记

①
②
③

"前辈学贵有疑，小疑则小进，大疑则大进。疑者，觉悟之机也，一番觉悟，一番长进。"有疑有惑，便出现了"心求通而未得之意"、"口欲言而

未能之貌"的情形。(明·陈献章《论学书》)

这说明生疑、发问很重要,尤其是能够在"不疑处有疑"。学贵有疑,以疑促思,在教材的预习阅读中,我们的学生会闪现一个又一个问题,但由于没有形成及时记录疑问的习惯,这些宝贵的思维火花往往就会稍纵即逝。将预习中出现的"闪光点"及时记录下来,在课堂中拿出来师生共同解决,这样学生的孤军奋战也就转变出了"合作学习"的典范。这一操作设计显然顾及学生个性发展的需要。

导学案设置了"思维拓展"这一环节。

思维拓展一

从公元前770年周平王东迁洛阳到公元前221年秦统一六国,这一时期在中国古代史中被称为春秋战国时期。它是我国历史上延续时间最长的国家大分裂时期,但秦国却仅用10年时间就完成了国家的统一,这其中的原因有哪些?

全程导学案在课堂中运用是在学生自学的基础上开展的,此时,作为教学的组织者教师应组织学生讨论导学案中的有关问题,对一些简单、易懂的内容教师只需一带而过,而教学中的重点、难点问题则应引导学生展开讨论交流,形成共识。

而学生在讨论中不能解决或存在的共性问题,教师应及时汇总,以便在精讲释疑时帮助学生解决。为此,有必要为课堂讨论环节的开展设置一些大致的思维方向。在导学案的设计中设置了"思维拓展"环节,以问题的形式引导学生思考,而在问题下面的空白方框则是留给学生在思考过程中直接书写思维过程的答题区域。这样的设计引领学生思维,兼顾了个性发展与共性发展的需要。

2.同伴互助促进策略

我国古代教育学论著《学记》云:"独学而无友,则孤陋而寡闻。"这就是说,如果没有学友而孤独地进行学习,其见解、见闻就会狭隘。当代的教学理论也认为:"学习是一种合作和社会过程——学习不仅仅是个人行为,它是与大家分享的行为。"

例如:"人教版"选修 4 第三单元第 3 课《一代雄狮拿破仑》的教学。

对拿破仑的评价历来是一个重难点,为此,教师引入一段情景剧。

一位意大利爱国者(学生甲):我这样说是痛苦的。因为没有人比我更懂得湿润意大利土壤并使之恢复生气的每一滴慷慨的法国人鲜血的价值。但是,我必须说这样一句真实的话,看到法国人离开是一种巨大的、说不出的快乐。

奥地利国王(学生乙):拿破仑,傲慢的法国暴君、无耻的流氓,上帝赋予人类神圣秩序的践踏者。我请求流放他,永远不要再让他踏足法国、欧洲大陆。

法官(学生丙):对德国来说,拿破仑不像他的敌人所说的那样,是一个专横跋扈的暴君。他在德国是革命的代表,是革命原理的传播者,是旧的封建社会的摧毁者。

这样,就把针对拿破仑的历史地位与历史作用的三种观点直接摆在了学生的面前。

教师:三位代表的观点你们更同意哪一种? 如何评价拿破仑的历史地位?

学生按学习小组(班级内自发形成的学生合作学习的组织形式),展开讨论……

开展课堂互助讨论是激活课堂的有效手段,课堂互助讨论是学生在一种良好的平等的气氛中,直接自由地参与讨论,多向思维,各抒己见,相互交流,求同存异的学习形式。这个过程既有学生个性学习思考的结果,也有交流形成共识的收获。有利于学习不良者克服畏惧心理,能激发大多数学生的学习积极性。

课堂互助讨论的活动方式需优化,即所选择的活动方式,要能与内容、时机挂上钩,符合学生的认识水平,符合教材的结构特点,能最大限度地调动学生参与讨论的积极性,提高学生的综合素质,获得最大的讨论效益。

当然,课堂互助讨论的学习方式不能频繁地使用,毕竟问题的解决最终仍是要依靠学生自身的个体思维。频繁使用讨论,会使一部分学生产生学习对外依赖心理。

3.个性观点处理策略

(1)基于不同视角的观点,要客观点化

历史教学中同一现象、同一事物,由于不同学生的认知角度不同,结果自然不尽相同。教学时,教师既要认可学生的个性观点,又要引导学生全面认识看待问题,并适时转化到教学需要的内容上。

例如:"人教版"选修6第六单元《中国的人类非物质文化遗产——昆曲》的教学。

教师引入材料《新京报》2010年12月29日的一篇文章——《京剧申遗成功后做什么》。

教师:继昆曲和粤剧之后,今年11月13日京剧又进入世界非物质文化遗产名录。但好消息无法掩盖这样一个事实,随着多媒体时代和泛娱乐化时代的到来,京剧的生存面临极大的挑战和威胁。特别是观众群日益萎缩和老龄化趋势增加……请大家谈谈自己的观点。

有学生给出了保护京剧、昆剧等传统艺术的良方。

有学生主张可以在中小学教育中设置传统戏剧课程,而且应该是音乐艺术课程中的必修课程部分,在青少年群体中普及传统戏剧。

有学生提出关键应该是传统戏剧自身的变革,建议改革传统戏剧的表演形式,增加更适合年轻人口味的剧目和表演形式。

也有学生提出戏曲等传统艺术的衰败是时代的选择,不必在意,应该大力发展新时期的文艺娱乐节目……

教师对学生的观点给予肯定和点评。指出任何一种文化现象的存在、发展或消亡都是由其深层的经济、政治等社会性因素决定的,我们分析问题要从全面的视角去审视和评判。

由于这类问题具有一定的弹性(即问题的可争议性和研究性),在"是"与"非"之间存在较大的思维空间。只要学生言之有理,就允许有不同的结论。这样,便使学生获得极大独立权,学生的主体意识得到了张扬,发散性思维能力得到提高。当然,教师在认可学生的观点,客观点化时,要适时转化到教学需要的要求上,强调文化的时代性、社会性、包容性等核心特征。

(2)基于群体的多样化观点,要整合深化

群体所表现出来的"多样化"指群体中的各个个体个性化表现的总和,明显地带有个体的原有知识结构特点。

例如:"人民版"必修第二册专题六(二)《罗斯福新政》的教学。

教师:罗斯福新政实施后,报纸上面连篇咒骂罗斯福是"敲富人竹杠"和"天天吃烤百万富翁",甚至前总统胡佛还指责罗斯福是个共产主义者。假如你就是一位议员,你会向国会提出什么议案或发表什么意见?

学生甲:作为国会议员,我首先要听取社会舆论的意见,对总统新政的部分政策进行全面调查;然后我会建议国会成立专门的调查委员会,对总统的所作所为是否违宪进行审查。

学生乙:我支持总统挽救美国的举措,在国会中我将大声疾呼,为总统的举措辩护,并积极推动新政的落实。总统是在维护美国社会的稳定,为了我们的利益服务,我们要扩大社会福利,拥有消费能力的劳工阶层将是我们企业家的福音。

学生丙:总统实施救济和社会保障等举措的确有违原则,美国只会多更多的懒汉……

　　教师:同学们的见解有一定道理。甲同学强调了美国三权分立制对总统权力的约束作用,防止总统的行为无法无天;乙同学点到了解决生产过剩的途径,即扩大社会福利,提高民众消费力;丙同学的观点反映了资本家剥削劳工的本质。为什么当时的美国舆论会对罗斯福总统不利?老师认为不是违宪或罗斯福本人的问题,而是新政的确从某种意义上侵犯了资本家的部分利益。但从长远来看,新政事实上在资本主义自由企业制度不变的基础上,对资本主义生产关系做出了局部调整……

可以想象,中学生,特别是高中生的自主意识与思维的批判性明显加强,认知过程和情感的变化也表现出明显的目的性和自觉性。这一开放型的问题提出,一定会掀起不小的波澜。

教师在激发学生个性思维,发表个人见解,鼓励学生交流之后,要及时点评,引导回归文本内容,深化文本内涵的解读,有甄别地取舍学生的观点并整合深化。

(3)基于个体的错误观点,要合理优化

对学生的观点的评价反馈方式主要有两种:一是以成绩为导向的反馈;一是以信息为导向的反馈。前者主要是评定对错,评定较为单一,不利于学生个性思维的继续发展;后者强调进一步为学生提供信息,通过合理优化,适当提示与探询引导学生做出正确的回答。

下面有两个例子显示出教师对学生错误回答做出的不同形式的反馈。

　　例一

　　教师:1945 年 8 月 15 日,日本政府被迫宣布无条件投降,并于 9 月 2 日正式签署投降书。中国人民的抗日战争终于取得了最后胜利。那么,抗日战争我们最终胜利的根本原因是什么?

　　学生:我们进行的抗日战争是正义的事业,战争的正义性是胜利的根本原因。

教师：错了，这只是胜利的一个方面原因，而不是根本原因。

学生：嗯，我想是这样的，如果不是正义战争我们就得不到美、英、苏等国际力量的支持。我们就不能战胜强敌。

教师：下面我叫其他人回答。

显然，例一是以成绩为导向的反馈，当学生回答不正确或不符合教师意图时，教师不假思索地做出反应，立即叫其他学生回答。

例二

教师：1945年8月15日，日本政府被迫宣布无条件投降，并于9月2日正式签署投降书。中国人民的抗日战争终于取得了最后胜利。那么，抗日战争我们最终胜利的根本原因是什么？

学生：我们进行的抗日战争是正义的事业，战争的正义性是胜利的根本原因。

教师：战争的正义性是取胜的原因之一，但战争的正义性并不能带来绝对的胜利。近代史上我们进行的一系列战争（鸦片战争、甲午中日战争），中国一方都是正义的，我们取胜了么？

学生：嗯，我想是这样的，如果不是正义战争我们就得不到美、英、苏等国际力量的支持。我们就不能战胜强敌。

教师：这说明了进行正义战争，所以"得道多助"的道理。那么，得到国际力量的支持是取胜的外部还是内部原因，对事物发展起决定作用的是内因还是外因？

学生：哦，国际支持是外部原因。事物发展起决定作用的是内因。

教师：你再想一想什么是根本原因？

学生：是指在历史事件发生的原因中起决定作用、影响全局并带有必然性的原因。

教师：按你刚才说的理解，抗日战争的根本原因到底是什么呢？

学生：对的，我想起来了。国内的斗争是内因，起根本作用，我们是全民族抗战，在抗日民族统一战线的旗帜下，国共合作，全民抗战才是胜利的根本保障,这才是根本原因。

　　教师:很好! 那么,这其中怎样评价中国共产党和国民党政府在抗战中的作用?

　　学生:中国共产党在抗战中起到中流砥柱的作用,它的坚持和努力确保了抗日民族统一战线不致被破坏。国民党政府正面战场的抗战也发挥了巨大的作用。

　　教师:回答得很好!

　　例二是以信息为导向的反馈,对学生不正确的回答,教师不是简单地否定,而是对同一位同学提出另一个问题,引导学生作进一步回答。这样既能让学生体会到教师的宽容,又能启发学生的个性思维,提高学生学习的积极性。

　　当学生因思考不深入、视野狭窄、概念错误或不完全而导致错误应答时,教师应通过适时的提示和探询,启发诱导学生回忆已学的知识或方法,从不同的角度多方面来考虑问题;促使学生明确应答的根据,通过再思考修正答案的意义,使每一个学生都能享受到回答成功的快乐。

四、结语:教师在关注个性和共性中谱写"和弦"

　　课程改革的基本理念不仅强调了"教育要从以获取知识为主要目标转变为关注人的发展",而且也清楚地指出"学生的发展事实上也是一个社会化的过程,一个不断改变自我以适应社会需要的过程"。因此,教育在尊重学生学习过程中的个性差异的同时,也得强调学生的学习活动的共同性和规律性。

　　一个好的教师就像一位优秀的作曲家,既要善于"制造"不同的声音,引发不同音符之间的碰撞;又要善于"合成"不同的声音,谱写学生思维和情感的"和弦"。

第四篇
"独立学习"与"合作学习"

独立与合作是一种辩证关系,要提倡独立与合作并重。合作的前提是独立自主,合作学习必须建立在个体独立学习的基础上。学生要参与讨论、探究、交流,需要以自己的个性独立见解与自我认知能力作为支撑,如果学生没有自己的观点,就直接参与合作学习,那么合作就没意义。

一、讨论源起

【对话语录】

"独立学习"与"合作学习"

"合作学习"看不起"独立学习":"你哟,孤单、薄弱,哪有我们势众、热闹?"

"独立学习"愤然:"没有我,哪有你! 有了我,才有你!"

言罢,"合作学习"感到一阵心虚。

反思后,"合作学习"主动与"独立学习"谈起了恋爱……

在新课程教学中,"合作交流"被提到一个前所未有的高度,这充分肯定了合作学习能从许多方面促使学生更加主动、愉快地学习。

然而在现实教学中,我们却经常看到两种教学失衡的现象:一是过于注重独立学习,忽视合作学习。把学生自力更生的水平作为学生独立能力来衡量,在学生之间的学习关系上采取"封闭"政策和"竞争"政策,学习成了学生间个人实力的较量和比拼,这种学习气氛相对比较紧张,学生之间属于竞争对手关系。二是偏重合作学习,忽视独立学习。教师把合作学习变成了上课必备的环节之一,随之涌现出来的各种现象值得我们深思。例如不顾学习内容的特点,不顾学生学习的实际状况,一味采用几人一组的形式,热热闹闹地"论"一回。小组合作正在不同程度地被歪曲成是否进行合作学习的标签。

【课堂实录一】

　　"保守"现象:偏重"独立学习",轻视"合作学习"

　　例如:"人民版"必修第二册专题一《古代中国经济的基本结构与特点》的复习。

　　教师设计一个穿越时空的趣味情境题。

　　教师:假如我们穿越时空隧道去到汉代、唐代或者宋代,我们将怎样生活呢?你可以是农民、手工业者、商人、官吏,只要符合当时实际经济生活即可。请每个同学自主选择一个时代进行设计,并想象当时的生活状况。

　　学生兴奋地回音:好呀!

　　低头翻书、思考,依据当时的经济实际情况设计当时人们的生活。

　　……

　　教师:现在请同学发表观点。

　　学生甲:我选择的是唐代,假如我是唐代的农民,我用曲辕犁耕地,用筒车灌溉庄稼,生产效率大大提高了。假如我是唐代的商人,经营高档陶瓷,我的店铺里有三彩陶器,有越窑的青瓷、邢窑的白瓷。我的越窑青瓷是专门从运河水路运到这里的。

　　教师:这位同学很有想象力,对唐代的经济生活也分析得很到位。那么有没有选择汉代或宋代进行设计的同学呢?

　　学生乙:有,有。我选择汉代……

　　教师:不错,下面我们……

　　学生们:老师,我们还有想法要说呀!

　　……

点评分析:在该案例中,教师布置任务,学生采用"独立学习"形式,依靠个体所学知识、个体的想象能力进行设计,完成教学任务。此举确实很好地激发了学生的学习积极性,促进了学生自主独立学习的能力。

但是该自主探究题目的思考维度过于广泛:在人物角色角度——学生可以充当农民、手工业者、商人、官吏;在朝代角度——学生可以选择汉代、唐代或者宋代。这样导致的结果就是答案显得杂乱和繁多,极大地分散了教学设计的目标要求,冲淡了教学的主旨。

教师完全可以把三个朝代分给不同的小组进行合作探究思考,并且指导小组内分角色(农民、手工业者、商人、官吏)进行想象设计,小组成员各抒己见,小组之间进行信息交流、思维碰撞,最后,每个小组选派一名代表汇报设计结果,教师随机予以点评、总结。这样的课堂教学设计也许会更紧凑合理。

【课堂实录二】

"激进"现象:偏重"合作学习",轻视"独立学习"

例如:"人教版"选修4第三单元第2课《美国国父华盛顿》的教学。总结华盛顿对美国历史发展无私奉献的一生。

教师:有人说他是战争时期的第一人、和平时期的第一人、同胞心目中的第一人。我们分六个小组分别讨论华盛顿"三进三退"的主要事迹,然后各小组派代表发言、交流。

学生分小组,翻书学习,热闹讨论。

学生甲:我代表我们小组发言总结,华盛顿"一进"即离开维农山庄,参加七年战争……

学生乙:我代表我们小组发言总结,华盛顿"一退"即离开英国军队,回到维农山庄……

学生丙:我代表我们小组发言总结,华盛顿"二进"……

点评分析:该教学中,华盛顿的主要事迹清晰明了,且书本上都有详细说明,花费大量时间进行合作探究学习意义不大,其他重要内容的教学任务也会受影响。其实，我们需要明白，并不是所有的内容都适合进行"合作学习"，现有研究结论认为：合作学习方式适用于那些较为复杂、较高层次或有争论的认知学习任务，或个人难以完成的任务；也适用于绝大多数的"情感、态度和价值观"方面的学习任务。该学习任务让学生在自主看书、独立思考的基础上概括说明即可。

二、理性辨析

（一）有效教学要处理好"个体学习"和"合作学习"的辩证关系

从学习的职能来说，个体独立学习解决现有发展区的问题，合作学习解决最近发展区的问题，这也是对合作学习内容的要求。没有个体独立学习作基础的合作学习犹如空中楼阁，没有经过个体独立思考而展开的交流讨论如无源之水。

对合作学习的认知功能一定要有一个明确的定位。合作学习旨在解决个体无法解决的疑难问题，通过小组讨论，互相启发，达到优势互补，共同解疑的目的，个体通过独立学习能解决的问题就不必在小组里讨论。离开学生的个体学习和深入思考，相互间的交流和讨论就不可能有深度，不可能有真正的互动和启示，对小组内的不同见解、观点根本无法提出真正意义上的赞同或反对，也无法做到吸取有效的成分，修正、充实自我观点，这是无效的合作学习，它在无形中剥夺了学生独立思考、独立学习的机会。

个体间性别特征、心理特征与心理发展潜力诸方面都存在差异，个体学习必然会导致学习差异。与分层教学一样，合作教学也是一项面对学生差异的革新试验。但在实际工作中，一些教师往往误以为面向全体学生，促进学生全面发展，就是要缩小、消除学生间个体的差异。其实，面向全体与面对差异之间并不矛盾。学习差异是一种具有某种合理性的客观存在。学习差异有横向差异与纵向差异之分，横向差异是就不同维度而言的，是指个体不同智能发展水平的差异；纵向差异是就同一维度而言的,是指个体同一智能发展水平的差异。

加德纳的多元智能理论就比较好地解释了这一点。横向差异并无优劣之分,因而根本不存在"缩小"、"消除"的必要。即使是纵向差异,也未必需要完全"缩小"或"消除"。我们应该利用、适应学生之间的差异,让每一位学生都能在个体的学习基础上通过合作学习提高自己的合作意识和各项能力,促进学生在原有基础上都有所发展。

(二)有效教学要处理好"竞争学习"和"合作学习"的辩证关系

合作与竞争是教学交往过程中的一对不可或缺的相互促进因素。学生在课堂中的竞争有利于活跃课堂气氛,增强学生学习的乐趣;有利于激发个体奋斗的意识,提高个人学习的效率;有利于个人在与他人的较量中对自己做出更实际、更全面的评判,从而达到扬长避短的目的。

但是,单纯的竞争也可能会使一部分学生过分紧张和焦虑,从而影响了学习。并且全班竞争的胜利者总是少数人,这就有可能使相当一部分能力较差的学生产生挫折感。竞争往往是以最后的胜利结果作为学习的主要目标,而学习活动过程中的内在价值和创造性就难以实现。排除竞争是不现实的,重要的是要抑制、排除恶性竞争,把恶性竞争转化为良性竞争,使竞争成为学生学习的动力和促进学生积极向上的手段。

课堂中学生之间的合作不仅能增强集体的凝聚力,形成积极的课堂氛围,促进学生智力的发展和良好品德的形成;同时,学生间的合力往往胜过单个人的努力,更有利于解决新的复杂问题;在决定任务和评价作业时,学生间合作讨论所形成的一致意见往往更易于被大家所接受;另外,合作也能促使学生积极思考彼此之间的差异,学会取长补短,自觉地改进学习的态度与方法,发挥生际互补作用。

合作学习仍需竞争机制,合作学习中的竞争包括小组竞争和组内竞争。把传统的个人之间的竞争变为小组之间的竞争,这样就会使小组成员认识到小组是一个学习的共同体,个人目标的实现必须依托于集体目标的实现,从而防止出现个人英雄主义,让学生认识到小组成员的共同参与才是合作学习所要实现的目标。

小组竞争强调的是小组成员间的合作,但小组本身也要对个人表现有一个适当的评价,如何对个人在合作学习中的参与度、积极性、独创性进行考察,进而在小组内部形成一种比拼的氛围,以此来调动小组成员参与的积极性,确保小组合作学习水平的整体性提高。

当然,学生之间的合作与竞争是对立统一的:若利益一致,往往出现合作;若利益相斥,往往出现竞争。在课堂的集体活动中,有时可能同时发生合作与竞争,有时可能交替出现合作与竞争。我们不能片面强调竞争而否定合作,同时也不要滥用合作而忽视竞争,合作与竞争两者不可偏废。关键是教师要协调合作与竞争的关系,使两者相辅相成,成为促进课堂管理功能和调动学生积极性的有益手段。存在于群体与群体之间的竞争无疑会促使群体内部的个体加强合作,形成参与竞争的合力。同样,合作的成功会使新的竞争更加激烈,容易将教学推向高潮,增强竞争的实力和信心。

三、教学平衡方略

(一)基于学习习惯再培养的环境建设策略

从能力培养的角度看,独立学习和合作学习能力都是学生良好学习习惯的具体表现。培养学生良好习惯是素质教育的归宿,素质只有化为习惯,才能成为终生受用不尽的财富。俗话说:"积千累万,不如养成好习惯。"教育家叶圣陶也指出:"教育就是培养习惯。"由此可见培养习惯的重要性。

学生良好的学习习惯的养成与家庭、社会、课堂教学环境是紧密相关的。学生的学习习惯需要从小培养,不同学习阶段对学生的要求不尽相同。在高中新课程的教学背景下,赋予学生更多的学习自主权,强调学生学习的个性化,鼓励学生进行自主探究;同时又积极倡导学生在学习中通过合作、交流、互动,培养交往意识、合作精神,并分享彼此的知识和经验。

教师应积极创设促进学生"独立学习"与"合作学习"的学习环境,以进一步发展学生的"独立学习"与"合作学习"的能力。

1.在学习环境中,和谐人文环境的创设

课堂民主、平等的和谐人文环境有利于学生良好学习习惯的养成。课堂上,师生间的关系,不仅仅是教与学的关系,更主要的是共同探讨、共同寻找问题的答案的过程,在人格上,双方是平等的。我们必须满腔热情地对待每一位学生,相信他们能学好历史,尤其是那些学习基础不太好的学生,更要热情鼓励、耐心引导。师生间只有贯彻民主、平等的原则,相互尊重、平等相待,课堂上才会出现融洽的师生关系、愉悦的学习氛围。唯有如此,学生才能自信,才能具有独立学习的可能和积极思维、大胆发表己见的心理基础,每位学生才能主动参与教学活动。

在课堂教学中组织合作学习时,一方面要先引导学生独立思考、形成自己的初步见解;另一方面要重视学生在倾听、协作、质疑等活动中所展现的不同观点,要重视学生交流沟通、实事求是、服从真理等品质的培养。唯有这样,才能让学生在合作学习的过程中体验平等、感受公正,使不同潜质的学生在彼此的交流中得到最充分的发展。

和谐人文的学习环境使人的心态、精神处于安全积极的状态,进而促使良好学习习惯的养成,有助于学生独立学习和合作学习能力的发展。

2.在学习环境中,学科物理环境的建设

教学的物理环境包括教学场所、教学设施、教学信息等,这些构成了开展教学的物质条件。

由于课堂教学是学校教学的基本形式,因此教室就成了学校教学活动的主要场所。学生每天的在校活动,大部分时间是在教室中度过的,教室也就成了学生学习的固定空间。学校可以创设专用的历史学科教室,即设置专门的历史教学场所,里面布置有历史方面的书籍、图片、模型等,还可以展示学生的历史手工制作、学习与研究的成果等,成为学生学习历史的固定场所。如果条件容许,应添设网络信息技术设施设备,便于学生独立学习时查阅资料，从而提升学生学习历史的兴趣，提高学生学习历史的效率。课桌的放置因不是固定式的，既有利于学生的自主学习，又有利于学生小组合作时的讨论交流。

历史学科教室　　　　　　　　　　　历史学科教室教学场景

在资源和信息的利用上，不仅历史教师是收集者和传播者，学生也可以成为教学资源和信息的提供者，教师应鼓励学生把自己课外获取的信息传递给教师和同学，以达到信息共享和教学互动。

（二）基于适用需求再审视的学习优化策略

就学生的学习而言，强调改善学习方式，决不意味着用一种学习方式代替另一种学习方式，而是强调从单一的学习方式转向多样化，并提升每一种学习方式的内在品质。

独立思考是合作学习的基础。没有独立思考，没有形成自己的思想与认识，那么，在合作学习中只能是观众和听众。合作的过程是个体对独立思考的再认识、再提高，是对独立思考学习成果的反思、融合和应用。在教学中要根据教学的需要选择合理有效的学习方式，才能取得良好的教学的效果。

1.根据学生已有的认知基础，采取恰当的学习方式。

我们在教学中只让学生采取独立思考的学习方式，必定会影响教学效果和学生的情感体验。在教学活动中，教师应根据学习内容为学生创设情境，灵活选用有效的学习方式。因此，在合作学习之前，教师必须考虑学生已有的认知基础，给予一定的个别学习时间，而且还应该要求学生在自己的思考有了一定的结果时,要整理自己的思维,从心理上做好与人交流的准备。

例如:"人教版"选修 4 第五单元第 4 课《新中国的缔造者毛泽东》的教学。

教师:对于新中国的缔造者毛泽东,大家应该比较熟悉,他的诗词在中国近现代文坛也产生了深远的影响,请同学们各自说一说,你所知道的毛泽东的诗词。

学生甲:北国风光,千里冰封,万里雪飘……

学生乙:独立寒秋,湘江北去,橘子洲头。看万山红遍,层林尽染;漫江碧透,百舸争流……

学生丙:风雨送春归,飞雪迎春到。已是悬崖百丈冰,犹有花枝俏……

学生丁:山下旌旗在望,山头鼓角相闻。敌军围困万千重,我自岿然不动……

学生戊:红军不怕远征难,万水千山只等闲……

学生己:山高路远坑深,大军纵横驰奔。谁敢横刀立马?唯我彭大将军。

……

教师:很好。请看屏幕,老师已把同学们刚刚说的做了摘录,并按课本内容板块时间划分为了三部分。现在,我们分小组议论下,不同阶段毛泽东诗词的内涵及他的革命事迹。

学生被分为若干组,组内简短议论后发言:第一部分应该是开创革命新路阶段,此时毛泽东……

在本课堂教学案例中,教师立足学情,采用符合学生心理特征和认知水平的教学方式,一开始就把话语权交给了学生,让学生结合自己已有的知识储备,独立思考发表观点。然后教师有意识地整理发言稿,分类别归结内容,再在学生思考有了一定的结果时,分组进行归纳讨论,使从心理上做好与人交流的准备。

2.根据教材的内容,选择恰当的学习方式。

有效的小组合作学习能给予学生充分从事历史活动的时间和空间,为学生创设良好的学习氛围,并激发学生的学习兴趣和求知欲,不仅有利于学生主动探究问题,而且还能切实提高课堂学习效率。

但对于那些不属于探索性的内容,采用合作学习就不合适。对很多新旧知识之间坡度较缓或需要通过深入思考逐渐领悟的知识,往往个体学习的方式优于小组合作学习。学生主动学习的第一步是独立学习,但独立学习不是简单的"自由学习",而是应该在教师引导下的有效独立思考的过程。为了使独立学习富有成效,教师应提供一个基于问题思考的"自学提纲"为学生指引学习思路。

例如:【课堂实录二】中选修4《美国国父华盛顿》的教学案例,在学习了华盛顿这一人物的生平之后,再来总结华盛顿对美国历史发展无私奉献一生的主要事迹。这一探究问题属于对所学知识的总结提升,无需花更多精力进行小组合作,教师只需提供好华盛顿"三进三退"的"自学提纲",启发学生"独立分析思考",然后随机点评说明即可。

那么,哪些范围适合采用合作学习呢?这就要求教师深入地研究教材,研究学生,精心选择有探讨价值的内容,合理把握合作学习的时机,确保在教师的引导下,学生有所悟、有所得。

(1)在重点难点处合作

例如:复习了"人民版"必修第一册专题一《古代中国的政治制度》和专题六《古希腊、罗马的政治文明》后,比较古代东西方政治制度的差异是教学的重点和难点。教师可以设计历史场景:公元前某年,雅典城邦、西汉王朝同时收到了波斯大军即将入侵雅典和匈奴不断侵袭中国边境的消息。

教师:请同学们分别运用所学知识,分组模拟再现雅典城邦、西汉王朝决策产生的整个过程。注意观察两组同学表演的区别。

学生分组准备。

学生：西汉王朝表演组上场表演……

学生：雅典城邦表演组上场表演……

教师：（总结）古代东方政权决策过程的主要特征是"君主专制、中央集权、君主的独裁"；以雅典城邦为代表的西方政治决策的主要特征是"民主制度、人民主权、轮番而治"。结合本次讨论，谈谈自己对"民主"与"集中"的再认识。

再如教学必修三专题五第三课《科学技术的发展与成就》，本课内容涉及的范围广（政治与经济、科技与文化、教育等诸方面理论）、时间长（50 年之久）、头绪多（探索与曲折、成就与挫折相互交叉），如何整合教材，提高学生的学习效率，显得尤为重要。教师可以整合教材内容，实现教学内容主题化、思想化，重点探讨四个模块，即通过对"两弹一星"、"东方魔稻"、"科学春天"、"飞天梦想"四个模块的分小组探究合作学习，集中凸显一个中心思想，即中国的科技成就的影响力是如何感动中国，震撼世界的。

（2）在思想矛盾处合作

例如："人教版"选修 4 第三单元第 3 课《一代雄狮拿破仑》中关于拿破仑对外战争的评价的教学。

引入材料题：19 世纪初期，拿破仑攻占意大利；1814 年，拿破仑被赶下台，一位意大利人就此事写道："我这样说是痛苦的。没有人比我更懂得滋润意大利土壤并使之恢复生机的每一滴慷慨的法国人鲜血的价值。但是，我必须说这样一句话：看到法国人离开有一种由衷的、说不出来的快乐。"

对于拿破仑战争的评价是个多视角的命题。材料中意大利人反映了自己矛盾的心理，教师抓住这点信息，分小组进行合作学习，让学生分别从"感恩法国人"的理由、"痛恨法国人"的理由这两个不同角度进行探究、讨论。然后，教师汇总学生的观点，全面客观地进行信息的整合。在思想冲突、矛盾处引导学生合作探究，能促使学生对此问题有更深入全面的思考和感悟,教学效率就会大大提高。

(3)在教材空白处合作

　　例如:"人民版"必修第二册专题四《中国近现代社会生活的变迁》(三)《大众传播媒介的更新》的教学。

　　最后一块教学内容为——互联网与民众生活的渐变。这块知识和学生现实生活联系密切,在学完教材知识后,可以让学生分组合作,各自谈谈互联网对生活的影响。学生兴致高昂,小组同学之间优势互补,他们的潜能得到了很好的发挥。有的谈到网上购物的经历,有的谈到网络游戏的问题,有的谈到自己的博客……整个教学的过程,小组合作讨论,代表发言,一个比一个精彩。最后再让学生把核心内容写下来。"思"、"读"、"写"三结合,可谓"一石三鸟"。

(4)在反馈评价时合作

许多历史课的效率不高,有一个重要原因是教学过程中缺少及时的反馈,教师对教学效果缺乏行之有效的检测、监控策略。通过师与生、生与生之间的合作来评价学习效果,反馈教学情况,应是一种切实可行的办法。例如以同桌合作来检测抄写、默写的情况,以小组合作来检查听说读写的效果……

"小组合作学习"是历史教学中充分发挥学生主体作用的一种有效方法,也是当前引导学生主动学习的重要途径。把邻桌的2～4人组成一个历史学习小组,利用课余时间进行复习内容的互相提问和抽背,然后由小组长做好记录,记录提问情况和问题集。有时历史知识的记忆也是枯燥无味的,一个人的记忆和理解远不如你问我答来得轻松和有效。同样,小组合作复习能够碰撞出历史思维活动的火花,从而发展学生的历史思维,加深对历史史实的理解和记忆。

　　例如:邻桌间合作复习记录表。

例如:学生制作的知识记忆卡。

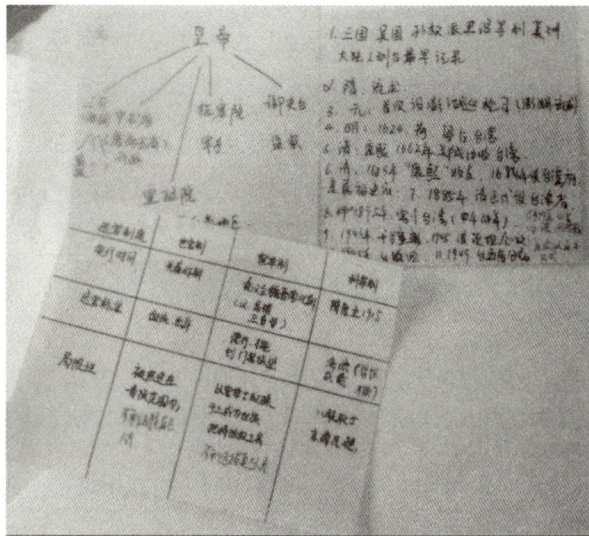

3. 根据一节课中的不同环节,选择不同的学习方式

从学生个体参与探索的心理视角分析,独立探索有利于全体学生自觉或不自觉地参与问题的思考与实践,并在探索中不断获得成功的体验,逐步形成独立思考问题的能力和习惯,使主体参与具有广泛性。合作学习有利于思维的互补,使探究解决的问题更全面。但由于学生个体学习习惯、基础的差异,一部分学生可能成为事实上的"旁观者"。因此,

当问题的思维力度不太大,学生"跳一跳"可摘到果子时,按先独立后合作的流程进行;对于思维要求高的问题,可采用先合作后独立的方式进行。

例如:一次信息技术与课堂整合大赛中,对教学必修三《中国古代的科学技术成就》一课,教师充分运用多种信息技术手段,指导学生选择不同学习方式进行探究。

教师先把全班学生分成"造纸术"、"印刷术"、"指南针"、"火药"四个组,明确"各小组冲关要求",每个组根据历史学习步骤"了解知识——理解难点——见解感悟"三阶段层层深入进行学习。

关于"造纸术、印刷术、指南针、火药的出现和发展历程"等思维力度不大的问题,教师利用视频、Flash 动画、地方史图片等展示、讲解,学生认真听讲并结合书本知识独立自主完成学习。

对于"四大发明的外传,四大发明对西方影响,四大发明在中国命运,总结四大发明影响"等思维要求高的问题,教师引导学生运用百度、谷歌等网络手段,查找资料、合作探究,通过亲身实践、展示成果、动态模拟、QQ 微博互动等进行小组合作探究后的交流互动。组与组之间,既存在竞争,也有互相评价、赞赏激励、互补互换的关系。

(三)基于功效作用再认识的活动方式策略

我们倡导的合作学习是为学生之间的互动、互补、互助提供舞台,合作讨论方式的运用与否,应该以是否有利于"三互"功能的发挥为标准。不顾学生的实际,不顾学习内容、环境的限制,盲目滥用只能事与愿违。因为独立仍然是最佳的思维品质之一,能独立习得的一般就不要交流合作;交流合作应该起到"整体大于部分之和"的效应,即一定是引起了彼此思维的有效碰撞,产生了高于个体先前认知水平的新的思维。

根据教学实践,既能积极发挥学生独立自主性学习,又能促成合作交流比较有效的活动方式主要有四种:

1. 提示引导式

即在教师的提示指导下逐步拓展讨论,由易到难、由表及里,及时调控讨论进程,最后加以总结。这种讨论方式使学生的个体思维得到充分展现,思维富于逻辑性,同时又能多方面获取别人的观点信息,教师的适时指导能保证课堂讨论的质量。

例如:"人民版"必修第一册专题一《古代中国的政治制度》的复习。

在复习"古代中央集权制度"这一内容时,教师制作了一组关于"中央集权制度"专题的系列动画式幻灯片(把中央集权制度形象化为一座房屋的兴、盛、衰演变),然后教师引导学生自由发言,提出相应的问题,经过学生发言和教师整理,形成如下一组连环式的问题:

①秦代为什么要建立专制主义中央集权制度? 各部分结构如何?

②汉初,这一制度在哪里出了问题? 为什么会出问题? 它是怎样重新巩固的?

③为什么说这种制度在唐代得以完善?

④元代对这种制度有哪些开拓性贡献?

⑤明清时期是如何强化这一制度的? 这种制度衰弱的根本原因是什么?

教师组织学生分组讨论,在小组学习的基础上交流观点,教师适时引导,并进行追问和整理。最后教师在学生解决上述问题后提出总结性的问题:你怎样评价中央集权制度在中国历史上的影响? ……引领着学生的视野和思路不断向深处延伸。

2. 群体互补式

即教师首先出示讨论内容,然后以学习小组(人数不限、以四人为宜,最好把个性特征不同的学生混合编组)为单位拓展讨论,归纳小结后由组内代表在全班汇报讨论意见,未尽之处,本组成员可进行补充。这种方式有利于智力互补,培养学生团结协作的精神。

例如:"人民版"必修第一册专题二(三)《伟大的抗日战争》的

教学。

关于"抗战胜利的原因"内容的分析，教师以学习小组形式进行拓展讨论，交流发言。

学生：抗战胜利是中国共产党长期坚持抗战的结果。

学生：胜利是中国人民觉醒的结果。

学生：日本的投降如果缺少了苏联的参战和美国的原子弹几乎不可能。

学生：日本的失败是战略决策的失败，无限度地扩大战争导致了国际上的失道寡助。

在学生总结讨论成果时，教师提示小组其他成员可以补充发言。

学生：就如同电视《亮剑》里讲的，抗战胜利的原因是我们军队和人民敢于亮剑，视死如归的精神。

学生：应该是国共合作的共同力量。

……答案在相互提示中不断完善。

教师：大家谈的都很有道理。从刚刚得出的结论，我们进而归纳下影响战争胜负的基本条件有哪些呢？

师生：（共同的结论）战争性质、民心向背、实力对比、决策指挥、武器装备等是战争制胜的基本因素。

3. 自由辩论式

即让学生就讨论内容各抒己见，自由辩论。在辩论过程中，教师要注意因势利导，把握方向，最后由教师或让学生在教师帮助下小结讨论结果。这种方式对于培养学生思维的敏捷性，提高讨论的质量很有帮助。

例如：《启蒙运动对人文主义思想的发展》的教学。

上课之初，教师用一连串颇具极端性的语言，评价了前一天校内发生的一位学生顶撞老师的事件。

教师：正像臣子绝对服从国王、儿子绝对服从父亲一样，学生应该无条件绝对服从老师,必须保持师生之间森严的等级界限。老师永远是正确的,学生永远是错误的……

学生们明显表现出了不满,唏嘘声起,时有抗辩。

学生:现在社会讲究的是公平正义,老师虽然值得我们尊敬,但也要有个度。

学生:老师,凡事都有因,你这样讲太专制了。

学生:老师怎么会永远是正确的呢,我们要勇于追求真理,"吾爱吾师,但吾更爱真理"。

……

自由辩论非常激烈。

教师(严肃地):不许反驳!一点规矩都没有。

学生们更激动了,有的学生甚至跺脚、敲桌子表达不满。

教师(忽转为笑容):好!刚才在本课情境导入阶段,学生的自由辩论发言很精彩。

学生(全体惊讶):啊!原来是课堂导入呀!

教师:刚才我所描述的师长专横的情景已明显引起了大家的反感。那么,试想一下,在 17 世纪的欧洲,那种等级森严、没有任何言论自由的社会,你会怎样?

学生(深有体会):反对压迫,要自由。

教师:好!崇尚理性、追求自由,今天我们就一起来学习启蒙运动对人文主义思想的发展这节内容。法国启蒙思想家伏尔泰有句名言——"我不能同意你说的每一个字,但是我誓死捍卫你说话的权利。"

……

在这节历史课堂上,师生在老师设置的情景对话中不经意演出了一场动人的辩论表演,师生在自由辩论中真诚地感悟、体验、探讨历史。情绪激荡使学生跃入了历史教学的真实之中,退而静思加深了学生对历史真谛的理解。

4.角色置换式

即让学生根据讨论的内容,在老师的安排下分别扮演某些历史人物或社会组织,让他们"身临其境"地表达自己的意见和感受。这种方式不仅能直接地诱发学生积极思考,能在一种轻松愉快的氛围中加深个体对历史的理解,而且在与他人的对话交流中也能引燃心灵中创造的火花。

例如:"人民版"必修第一册专题一(一)《中国早期政治制度的特点》中关于西周分封制的教学。

课前可把有关西周分封制的资料和需要解决的几个问题交给历史课代表,让他根据同学的特点,从班上挑选六名同学进行演出培训。六位学生分别扮演周王、嫡长子、次子、侄子、功臣,以及夏、商前代贵族的后裔。台词自编,道具自备。

课堂上,先出示思考题:周王对哪些人进行了分封? 分封制的主要内容有哪些? 让学生带着问题看学生模拟表演西周分封时的情景。不但使学生对周王的授民授疆土和受封者的义务有基本了解,而且也锻炼了学生的编导表演能力。乘学生兴趣高昂,教师可进一步提问:周王为什么要分封功臣和夏、商等前代贵族的后裔? 诸侯在诸侯国内又是如何进行统治的? 进而讨论或辩论:分封制能不能保证周王对广大疆域的统治永远牢固? 师生在合作学习中共同真诚地感悟、体验、探讨历史。

(四)基于合作交流再思考的优化策略

在学生个人独立学习的基础上,进行合作学习能有效促进学生学习。这里学生间、师生间的交流和评价显得十分关键和重要。

1.要避免成为教师的传声筒

有的教师为了让合作学习之后的交流更顺利,与自己的教学设计更吻合,在学生小组活动的过程中,利用巡视的机会,通过一些简单的提问,将自己所希望的结论有意识地暗示给学生,甚至趁机安排好下一环节的教学内容和程序。这样的实质是"变相灌输"。

(1)交流要定"质"

课堂交流,它应当有客观恒定的质量标准。这就首先要区别"课堂交流"与"提问应答"之间的区别。第一,提问应答常常是教师拷问,学生则多数为被动地指名回答,"课堂交流"则是学生在充分探究准备之后的主动要求和自我展示;第二,在传统的课堂中,面对教师琐碎的提问,学生习惯于简单回答,往往只是从课文中找个内容以读代答,很少有自己的见解和感悟,而课堂交流则应当以成段的话语进行有头有尾、有理有据的阐述,如果学生不会交流,教师则应当引导学生逐步学会交流,而不能消解了"质"的意识,淡化了"引导过程";第三,提问应答多数形成的只是师生双向之间的短距离交往。而交流则往往体现为师生之间、生生之间的多向思维碰撞,有助于激起头脑"风暴"。

(2)交流要定"题"

课堂交流的呈现虽然可以分布于教学过程,但主要还是在深读探究阶段。这时的课堂交流能否到位,与探究题的质量是有重要关系的。这就是说,交流题要有较大的覆盖面(能涉及课文的大部分,有充分的思维空间)、有较强的穿透力(能直击课文的要旨,有正确的思维定向)、有较好的探究性(能引发疑窦,有合适的思维强度)、有较浓的情趣味(能激起研读兴趣,有一定的思维诱力)。

(3)交流要定"程"

交流是一个过程,而不应单一地急于去追求结论,甚至把凝固的结论强加给学生。所以,良好的课堂交流状态,它既是学生从不会交流到学会交流的方法掌握、提升过程,更是不同的认识相互排斥、冲撞、融合、认同的过程。

(4)交流要定"本"

课本是一课之本,也是学生深入解读、产生感悟、引发体验之本。因此,课文的知识概念、文本内涵,不可淡出交流圈。有些学生在交流时往往忽视了研读文本的深刻内涵,而习惯于用自己不规范的语言去讲情节,甚至凭感觉揣摩。这种习惯很不好,使交流消解了教材作为语言范本的作用。

历史课有别于其他学科的地方便在于它不仅要使学生明白课本讲了什么(这是各门学科都要达到的),更要去理解课文为什么是这样(这是历史课所特有的)。

(5)交流要定"量"

在学生独立读书、合作探究的课堂里,交流成了一个十分重要的讨论、开掘和点拨、提升的平台。学生的解读感悟,教师的顺学而导,都得借重于这个平台,所以,交流就不能只是"蜻蜓点水",也不可"虚晃一枪",必须保证占有一定的时空的量,才能有充分的生成。

2.要避免成为优生的传声筒

(1)先写后说

讨论前,小组成员先独立思考,把想法写下来,再分别说出自己的想法,其他人倾听,然后讨论,形成集体意见。这样可保证小组中的每个成员都有思考的机会和时间。

(2)有的放矢

在小组中每位成员独立思考后,抽签决定一位成员陈述自己的意见,其他成员以他的意见为靶子,发表自己的见解。

(3)互相提问

我们可以要求学生在阅读文本或材料的基础上互相提问,可小组内提,也可小组间提。学生总期望能提出难住对方的问题,这样,学生会更认真地阅读、更深入地思考。

(4)组员流动

在分组合作时,可采用小组成员动态编排的方法。如让女生固定在座位上,而让男生流动等。这样,不仅使学生有新鲜感,而且使学生不断有机会了解更多的观点;也可以打破组内长期形成的有的学生在组内起控制作用,有的学生则处于从属地位的态势,给每位学生提供平等发展的机会。

四、结语：教师在协调"独立"和"合作"中促进学习

独立学习与合作学习并无优劣之分，只是现代社会重视人与人的交往与合作，注重培养人的合作意识与能力，所以强调合作学习。其实，每个学生的认知风格是不一样的，有的学生在学习时喜欢独立思考，而有的学生则喜欢与人交流，这两种认知风格并不影响学生的认知发展。每个学生都有自己偏爱的、较为稳定的学习方式，我们不应强求一律。相反地，对于喜欢独立思考的学生，我们应注意鼓励他们与其他同学进行交流与合作；而对于习惯与人交流的学生，我们则应引导他们经常进行独立思考，使两类学生的个性得以更健全地发展。教师需要有双慧眼，认清学生的学习特性，在协调"独立"和"合作"中促进学生学习。

第五篇
"接受学习"与"探究学习"

接受学习和探究学习是代表着传统与现代教学理念的不同教学方式。这两者不存在孰优孰劣,只存在是否合适的问题。只要是有利于学生学习的教学方式,我们都应该积极提倡。在教学中该采用何种方式,应根据具体的教学内容而定。

一、讨论源起

【对话语录】

"接受学习"与"探究学习"

"接受学习"嘲笑"探究学习":"瞧你,走路弯弯曲曲的,费事又累人!瞧我,走路直来直去,省时又爽快!"

"探究学习"微笑着回答:"虽然我不直接,但可能会有曲折的美丽和意外的惊喜!"

学者听了笑着说:"其实,在学习之路上,你们都有用武之地。"

新课标强调了学生学习方式的转变和课堂教学形式的变革,其中一个重要而具体的目标就是要改变那种学生一味被动接受的学习方式,倡导学生主动参与的探究式学习。这种学习方式的转变不是简单的替代法,而是指由单一、他主、被动的学习方式转向多样化的学习方式,即通过积极的实践与深入研究更好地去认识各种教学(学习)方式的优点与局限性,从而能够根据特定的教学环境、教学内容和教学对象适当地加以应用。

但在实际的教学中，我们却经常看到两种教学失衡的现象：一是过于偏重接受学习，轻视探究学习。把学习建立在人的客体性、受动性、依赖性的一面，过分凸显和强调接受、掌握，贬低和冷落探究、发现，课堂中教与学的关系是——我讲，你听；我问，你答；我给，你收。学生在课堂上仅仅是直接接受书本知识，学习成了纯粹被动地接受、记忆的过程。这样的学习不利于学生的学习兴趣和热情的培养，阻碍了学生的思维和智力发展。二是过于偏重探究学习，轻视接受学习。探究学习建立在人的能动性、独立性和主体性的一面，学习过程中的发现、探究、研究等认识活动得到凸显。然而，当前在开展探究学习的过程中，许多教师没有吃透其本质，为了赶时髦，随意扩大其功能，否定传统的接受式学习。不考虑学生的知识结构、身心特点、生活阅历、理解能力等条件，过分趋向"隐形知识"，忽视"显性知识"。

这样，我们是否就应把探究学习看成学生学习历史最为重要、甚至是唯一的方式，并将探究学习与接受学习等同于"意义学习"与"无意义学习"？这种做法在实践中容易导致从接受学习到探究学习的极端化，无助于新课程改革的健康发展。

【课堂实录一】

"保守"现象：偏重"接受学习"，轻视"探究学习"

例如："人教版"选修 4 第二单元第 1 课《儒家文化创始人孔子》中关于儒家思想内容的教学。

教师：一个国家，如果没有先进的科技，一打就垮；而如果没有民族精神，则不打自垮。了解民族传统文化是培育和弘扬民族精神的重要途径，民族传统文化的主流是儒家思想，儒家思想起源于孔子的主张。

教师：在一万多字的《论语》中，"仁"字出现了一百多次。"仁"是会意字，左边一个"人"，右边一个"二"，大家猜猜看，"仁"字的含义是什么？

学生一头雾水。

教师："仁"就是指人与人之间的关系，也就是做人的道理。用孔子的话解释,仁最根本的含义是"仁者爱人"。当然,这里的"爱人"不是专有名词,而是体贴别人、关心别人、尊重别人,是一种美德。孔子认为实现"仁"最基本的方法是忠恕。

(出示材料)子贡问曰:"有一言可以终身行之乎?"子曰:"其恕乎!己所不欲,勿施于人。""恕"是爱人的较低要求,即"己所不欲,勿施于人"。而高一点的要求是"忠",即"己欲立而立人,己欲达而达人"……

学生被动地聆听。

……

点评分析:上述案例中教师对孔子的思想有深入的研究,讲解的思路也很清晰,教师自我感觉良好,但是教学效果不是最理想的。儒家思想的核心内容"仁"、"礼"、"中庸"是古代思想文化教学的难点,内涵深邃、意义深远,教师采用传统的教学设计,知识的落实全依赖教师讲解灌输,学生在整个教学中主动参与不多,大部分时间都是被动接受,这样是很难消化接受的。缺乏了探究学习、感悟理解等环节,学生学习的激情就没有被激活,缺少自我的体验和感悟,知识的理解只能是较浅层次的。

【课堂实录二】

"激进"现象:偏重"探究学习",轻视"接受学习"

例如:"人民版"必修第三册专题七(三)《人类文明的引擎》中关于"科学"与"技术"结合的典范的教学。

教师:1831年,英国的法拉第发现电磁感应现象,提出发电机的理论基础。在现实生活中,我们到处都能见到电磁感应现象原理的运用。比如变压器,它是根据电磁感应原理制成的。请同学探究解决一个物理题。(多媒体展示)

一台变压器的原线圈匝数为600匝,副线圈为6000匝,第一次将原线圈两端接在10V交流电源上,第二次将原线圈两端接在输出电压为10V的电池组上,则先后两次在副线圈两端的输出电压分别为(　　　)。

A. 100V 100V   B. 100V 0V

C. 0V 100V   D. 0V 0V

学生运用物理学科所学知识进行运算和解答。

教师:很好。下面我们再讨论电磁感应现象的利用是怎么改变人类生活的。

学生展开小组合作探究,课堂讨论开始……

点评分析:对于"科学"与"技术"结合的典范的教学内容来说,《浙江省高中历史学科教学指导意见(2012年)》明确要求:知道人类社会进入电气时代的标志和大致时间;举出法拉第发现电磁感应现象、西门子研制发电机、格拉姆发明电动机、爱迪生的发明等史实;感受爱迪生等科学家热爱科学和对科学不懈追求的精神。应该说"知道"、"举出"等均为史实识记与理解层次的要求,"感受"是价值观角度的教育要求。该教师设计的探究学习显然有些是不必要的形式主义,历史课不是物理课,历史课堂不需要越俎代庖。

在实际教学中,有些教师认为要转变学生的学习方式,就必须进行课堂讨论和探究,不管什么教学内容,都要安排讨论和动手,从而使课堂教学处于形式主义的探究学习状态之中。其实,强调课堂教学要给学生提供充分的探究机会,并不是要否定知识传授的独特作用,也不是说每节课的所有知识都必须让学生进行探究学习。

二、理性辨析

(一)有效教学需要处理好"接受学习"与"探究学习"的辩证关系

美国学者哈伯特·塞伦1954年首次提出"学习方式"这一概念,他认为,"学习方式"是学习者持续一贯地表现出来的学习策略和学习倾向的总和。当代认知派心理学家布鲁纳等人从不同角度给"学习方式"分类;其中按学习的形式分为接受学习和探究学习(发现学习)。

《基础教育课程改革纲要(试行)》指出要"改变课程实施过于强调接

受学习、死记硬背、机械训练的现状"。需要指出的是,这里要改变的是过于强调接受学习的现象,而不是接受学习本身。

提起接受学习,我们很容易与"机械学习"或"注入式学习"联系起来,其实不然。美国著名教育学家奥苏贝尔曾明确指出,接受学习、探究学习与意义学习、无意义学习这两组概念涉及两个不同的维度,是相互独立、互不依存的。也就是说,"只要用于呈现的言语材料能够同学生原有知识结构或认知结构建立实质性和非人为的联系,并且学生具有内部学习动机和意义学习的心向",接受学习也完全可以产生有意义的过程和结果。可以说,接受学习和探究学习作为两种对立的学习方式,都有存在的价值,是相辅相成、缺一不可的。"如果满足了意义学习的条件和标准,接受学习是一种更为有效的切实可行的方法。"

在教学中,如果教师善于创设情境,激发学生的学习积极性,激活学生的相关知识经验,接受学习就不再是机械学习,而就能成为有意义的学习。同样,探究学习也并非一定是有意义的。如果教师不注意充分发挥学生的主动性,给学生呈现的问题缺乏层次和思维含量,活动的组织不够恰当,学生很可能是在机械地执行教师的指令,这样的探究也是机械学习。

(二)有效教学需要处理好"教师讲解"与"学生发现"的辩证关系

一段时间以来,教师的"讲"成了说教式、注入式,置学生于被动的旧教学模式的代名词。教师的"讲"成了公开课、教学经验交流中的忌讳,教师的"讲"被推到了"被告席",横遭口诛笔伐。

教师的"讲"与学生的被动学习之间其实没有必然的联系,但不同的教学观念、教学思想会转化成课堂上不同的教师讲和学生听。可能是教师的讲使学生消极被动地听,听了无动于衷、心如止水;也可能是教师的讲使学生积极主动地、如饥似渴地听,能引起种种联想,触类旁通,促进学生的新发现,引发学生也有话要说的冲动。

新课标要求我们必须把培养学生的创新意识和创新能力放在首位,这就意味着我们必须要把"讲"的重点放在指导学生的自主学习之上,把让学生学会学习作为"讲"的主攻点,选择学生喜闻乐见的表达方式,"画龙点睛";讲过了头,就显得多余、啰嗦,学生就不爱听,反而不见其效果;讲得不够,又显得不到位,学生还搞不明白。再者,教师的"讲"必须与其他的教学手段密切配合,形成相辅相成的有机整体,以便让学生满腔热情地听,恰当地产生共鸣。

三、教学的平衡方略

(一)认清学科知识分类,合理选择学习方式

高中历史专题学习中的知识内容主要由具体的史实和抽象的历史认识两部分构成,它包括具体的史实、基本的历史概念、基本的历史线索和规律三部分内容。

其中很多的"具体的史实"是无须花很多时间进行启发、发现和探究的。历史事物名称、简易概念、事实等方面的陈述性知识不需要学生花时间去探究,靠听、讲、阅读、理解就可以了。

特别是一些学习有困难的学生,为了保证他们达到最低目标,有必要用教师讲授、学生接受的方法传递必需的基础知识,即使用接受的方法也要让他们把知识掌握下来。

例如:"人民版"必修第三册专题一(四)《明末清初的思想活跃局面》的教学。

历史课堂的小结是对所学知识的整合和提升,教师通过讲述,能提纲挈领地梳理和整合知识。

教师作课堂小结:

教师:尽管他们激烈反对传统思想,反对理学的不合理的部分,具有鲜明的反专制的民主主张,但是他们仍然是儒家思想发展中的一个部分、一个阶段。李贽和明清之际三大思想家属于儒家学派中的改革派,他们并不完全否定儒家思想,而是批判与继承并行,与时俱进,希望给儒家思想增添符合新时代的内容。因此,有些人将明清之际的思想特征概括为——儒学的继续与变异时期。他们对儒

学的发展实质上起了建设性作用。

　　讲完本专题后,教师对儒家思想的演变脉络作简短小结:

儒学的形成——先秦时期

儒学独尊地位的确立——汉代

儒学的发展——宋明理学

儒学的继续与变异——明清

　　历史知识是过去的事情,具有过去性。正是由于历史知识所反映的内容是过去的人类活动,不可能通过实验加以重演,很多也不能进行直接的观察,大多是以间接的方式进行信息传递的。人们获得历史知识的途径,主要是听(听他人讲述历史)、读(阅读有关历史的书刊)、看(考察历史的遗迹)等。学生获得历史知识的途径,也不外乎如此,其中,听课又是获取历史知识最主要的渠道之一,因此,运用接受学习历史是最重要的方法之一。如果历史教师放弃讲授历史,就可能阻断了学生对历史知识的系统学习。

　　再如:"人民版"必修第一册专题二(三)《伟大的抗日战争》中关于1932年"一二八"事变的教学。

　　对"一二八"事变,教师讲述了蔡廷锴将军的一则轶事:蔡廷锴在审问日本俘虏时发现日本人个头比较矮,他灵机一动,让战士们深挖战壕,同时让会木工的士兵连夜做一些小凳子。第二天敌人冲锋的时候我方的战士撤退,撤退时连小凳子一块提走。日本兵一看有现成的战壕非常高兴,扑通扑通都跳下去。这下倒霉了,日本人本来个头就比较矮,跳进去爬不上来了,我们的战士拐回头把炸弹成捆成捆地往战壕里扔。学生笑得前仰后合,大呼痛快。历史是有血有肉的,生动形象的细节构成历史的血肉。教师生动形象的细节讲述,让历史学习动人心扉。

抽象的历史认识,即抽象的历史概念和历史规律等在掌握具体史实基础上形成的对历史史实本质的认识,其理解难度往往较大,应当采用探究的方式进行学习。

例如:"人民版"必修第一册专题三(二)《辛亥革命》中关于辛亥革命评价的教学。

教师:探究历史——评价辛亥革命时,我们应该运用不同的史观来评价、分析。

新闻发布会:将班级分成五种小组(分别代表五种不同的史观)。请学生分别运用革命史观、社会史观、整体史观、近代化史观、文明史观阐述对辛亥革命影响的理解。

教师(提供材料)——

材料一:吾人仰望之中山,而事后追思事前之希望,果相侔(等同)乎? 抑不相侔乎? 此又足以系今日之怀思而惹全国之注目矣!

——《申报》1912 年 9 月 9 日

材料二:众所周知,1900 年至 1911 年期间,上海连续演绎了许多有声有色的政治剧,比如爱国学社、张园国会、苏报案、民立报,还有同盟会中部总会等等,这些剧目均具有全国影响和重大意义。

——廖大伟《辛亥革命与上海政治地位的提升》

材料三:辛亥革命除了在长江流域几个大城市轰轰烈烈的开展外,在其他地区的城市要缓慢得多……可以这样认为,辛亥革命走向没有从南方推进到北方,没有从长江流域推进到全国。再者,没有从城市推进到农村。形成革命运动沿海、沿江城市先进,内地和边疆城市落后,南方城市先进,北方城市落后,先进的城市成为革命的舞台,落后的城市成为反革命的基地。

——田玄《中国城市现代化动向的不平衡与辛亥革命的走向》

材料四:虽然由于历史进程和社会条件的制约,辛亥革命没有改变旧中国半殖民地半封建的社会性质,没有改变中国人民的悲惨境遇,没有完成实现民族独立、人民解放的历史任务,但它开创了完全意义上的近代民族民主革命,极大地推动了中华民族的思想解放,打开了中国进步潮流的闸门,为中华民族发展进步探索了道路。

——胡锦涛在纪念辛亥革命 100 周年大会上的讲话

学生发言后小结:评价辛亥革命时,我们应该运用不同的史观来评价、分析。

革命史观:资产阶级民主革命;

社会史观:影响社会习俗变迁;

整体史观:西方思想、革命的影响,亚洲的觉醒;

近代化史观:推进中国政治、经济、思想、生活的近代化进程;

文明史观:推进中国历史发展的文明进程。

(二)提升学习内在品质,合理运用学习方式

1.提高效率,发挥接受学习的价值功效

学习的效率,一直是教学研究所关注的问题。它是指尽可能发挥学生的潜能,用尽可能少的精力和时间的投入,获得知识、能力和思想等方面的最佳发展,对学生来讲,学习效率不仅关系到学习的时间状况及结果,也关系到学习的可持续发展。

接受学习的最大价值在于学习活动不必从零开始,可以通过继承前人与他人的认识成果而加速个体的认识发展过程,在较短的时间内掌握大量的、系统的科学文化知识,从而使有限的生命个体能够更从容地面对无限的知识。

从特定类型的知识和技能看,例如前人在实践中积累的经验性知识,采用以讲授为主的教学方式,通过教师深入浅出的讲解,把知识化难为易,帮助学生把新知识和他们原有的认知结构进行意义建构,促使他们进行有效学习,这显然有利于学生对知识的理解和掌握,并使其获得可持续发展的能力。

例如:比较题方法的学习。

解答比较题的关键是能确定比较项,指导学生掌握运用比较常规项是一种有效的方法。这首先要从比较题的概念入手,历史比较题是指将在属性上具有可比性的两个或两个以上的历史客体进行比较,以归纳出它们的相同点和区别出它们的本质特征。而作为特

定的某一历史客体必然有其发生的历史背景、过程或内容、结果和影响,这些要素就构成了比较的常规项。因此,指导比较题的解题可从这些常规项去把握。

案例一:太平天国运动与义和团运动的异同点比较。教师可指导学生从历史背景、过程、内容(性质)、结果、影响(作用或局限性)这些常规比较项去分析思考,该题的解答就迎刃而解了。

不同点:

①历史背景:太平天国运动发生在鸦片战争后阶级矛盾空前激化的背景下;义和团运动发生在19世纪末民族危机空前严重的背景下。

②过程:太平天国运动建立了政权,斗争时间长;义和团运动没有建立政权,斗争时间短。

③内容:太平天国运动斗争矛头主要指向清政府,运动有统一的组织、领导和革命纲领,太平天国运动的领导人表现出向西方学习的强烈愿望;义和团运动斗争矛头主要指向帝国主义,没有统一组织、领导革命和纲领,义和团运动是盲目排外的。

相同点:

①性质:都是农民阶级领导的以农民为主体的农民运动。

②过程:都采取了武装斗争的形式,都是利用宗教发动,都具有浓厚的迷信色彩。

③结果:都在中外反动势力的联合镇压下失败。

④作用:都沉重打击了中外反动势力,延缓了中国半殖民地化的进程。

案例二:历史主观题审题方法的指导。可以运用语文主干阅读法,分析题干的主、谓、状、宾、定语指导学生剖析问题结构。

如运用语文主干阅读法审视下题:

明清时期(鸦片战争前)。我国的文学艺术繁荣兴盛,而科学技术则由发展转为停滞。(学生)概述这两种文化现象的具体表现和特征,并分析形成两种文化现象的社会原因。

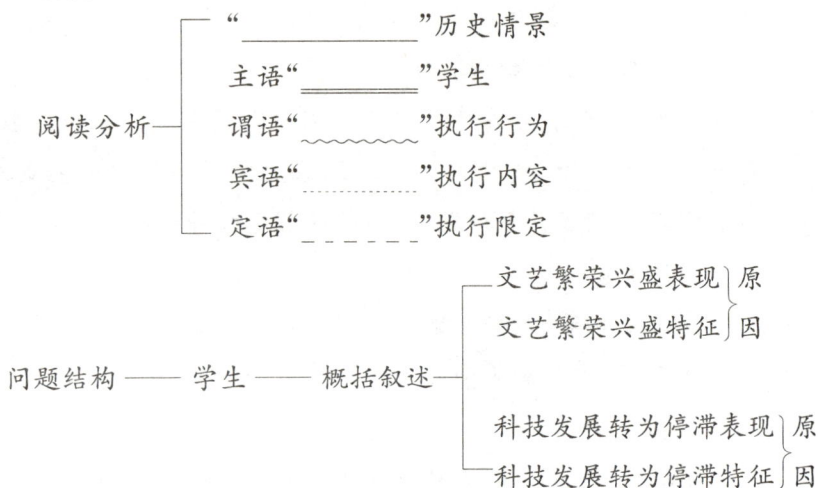

阅读分析 ——
- "＿＿＿＿＿＿"历史情景
- 主语"＿＿＿＿"学生
- 谓语"＿＿＿＿"执行行为
- 宾语"＿＿＿＿"执行内容
- 定语"＿＿＿＿"执行限定

问题结构 —— 学生 —— 概括叙述 ——
- 文艺繁荣兴盛表现 ⎫ 原
- 文艺繁荣兴盛特征 ⎭ 因
- 科技发展转为停滞表现 ⎫ 原
- 科技发展转为停滞特征 ⎭ 因

2.形神兼备,谋求探究学习与学科教学的最佳结合

在怎样处理接受学习与探究学习关系的问题上,存在着探究学习游离于学科教学之外的倾向,或者教师虽然注意到了探究学习在学科教学中的运用,却只有形式少有实质,形似神不似。因此,探究性学习在学科教学中的运用,既要形似更要神似。教学中既要关注探究的过程步骤,体现出探究过程中活动形式和方法的多样化、灵活化,体现出"形"似,更要注重学生探究问题的价值和学习的质量,做到"神"似。

谋求探究学习与学科教学的最佳结合,提高学生探究的质量,关键在于教师精心创设问题情境。同样的问题,直白地提出来和创设问题情境的效果是大不相同的。问题情境相当于舞台上的背景,相当于交响乐的前奏。它能使问题变得更具魅力,也为问题的解决作了某些铺垫。这就需要教师积极开发课程资源,进行设计探究性问题。

(1)设计与学生所学知识生成的客观实践相符的问题情境

学生的原有经验是进入教学情境中进行知识建构的重要基础,教学情境的创设必须建立在学生的认知发展水平和已有的知识经验基础上,是学生的原有经验通过探究再创造,获得新的意义,从而使学生产生新的发展。

例如:"人民版"必修第二册专题二(三)《近代中国资本主义的历史命运》的教学。

因为学生在学习工业革命时,已经总结出资本主义发展所必须具备的六大因素即政治制度、原料、市场、资金、劳动力、科技。因此,教师可以设置如下探究问题:试从资本主义发展所必须具备的六大因素来分析近代中国资本主义的历史发展命运。

再如:"人民版"必修第三册专题八(一)《工业革命时代的浪漫情怀》的教学。

因为学生在义务教育阶段阅读过雨果、普希金等名人的诗篇或著作,聆听过或了解过贝多芬、舒伯特、施特劳斯等音乐家的作品。因此,教师可以设置如下探究题目:①你读过《巴黎圣母院》吗?结合小说的内容谈谈你对美与丑的看法。②让我们一起聆听贝多芬的某一交响乐的片段,请你说出该交响音乐的名称,概括其体现的艺术特点。

(2)设计体现丰富学科知识、能力发展的问题情境

一节课的问题情境设计必须是为了本节课的教学目标服务的,必须符合所学内容的学习背景,包含丰富本节课的学习知识、能力和情感态度价值观目标的要素。

知识之间,学科之间,能力和外部世界的诸多因素是相互联系的。在一定的教学情境下,通过适当的方式将零散的、隐伏于特定的问题中的诸多因素相互联系与综合,使学生获得相关的知识和技能(包括其他学科相关的知识),同时使学生在非认知方面(如情感、态度、价值观、合作交流能力等)获得发展。

例如:"人民版"必修第二册专题三(一)《社会主义建设在探索中曲折发展》中关于新中国成立后国家对民族资本主义政策的教学。

有一次座谈,一位资本家问道:"我现在开工厂,有剥削,是有罪的。我还准备多开几家,那不是罪更大了吗……"

刘少奇回答："你开的厂是有剥削的，你用剥削来的资本再开几家工厂，将来，交给国家……这样的剥削是有功的。……"这段话后来被概括为"剥削有功论"，受到极大的歪曲和非议。

——王光美《与君同舟风雨无悔》

回答：

A. 这位资本家的问题在当时有一定的普遍性，为什么？

B. 刘少奇的回答体现了当时我国对民族资本主义工商业采取什么政策？

C. 采取这项政策的原因是什么？

D. 在什么背景下"这段话……受到极大的歪曲和非议"？

该题目引用了一段材料，考查学生对新中国成立初期到"文革"时期中共对民族资本主义工商业的政策的理解。它能够充分地考查学生对基础知识理解的准确性和灵活性。

（3）设计具有调动学生积极学习和成长的情意因素的问题情境

良好的教学情境，能使学生积极主动地、充满自信地参与到学习之中，使学生的认知活动和情感活动有机地结合，从而促进学生情感因素的发展和健康人格的形成。一个好的教学情境必须具备调动学生参加学习活动的积极学习和成长的情意因素。

学生的主动性和参与性是新课程的教学环境的基本要求，教学情境必须具有学生主动参与学习活动的角色要素，从而让学生较为容易和迅速地进入到建构性学习活动中来。

例如："人民版"必修第二册专题七（一）《社会主义建设道路的初期探索》中关于苏俄的战时共产主义政策和新经济政策的教学。

材料：1920年，苏俄农民流传这样的说法："土地属于我们，面包却属于你们；水属于我们，鱼却属于你们；森林属于我们，木材却属于你们。"

——斯塔夫里阿诺斯《全球通史》

问题：这一说法说明了当时农民存在着什么样的情绪？产生这

一情绪的原因是什么？为了解决这一问题，苏维埃政府又采取了哪些政策措施？

这一情境的创设，一下子就能抓住学生的注意力，使他们的好奇心和探究欲望被激发起来。教师在这种情境下引导学生学习苏俄的战时共产主义政策和新经济政策，效果肯定要比直接提问"战时共产主义政策和新经济政策的内容和作用各是什么"要好得多。

再如：学生学习方法的习得与运用是课程目标的重要内容之一，在教学中教师可加入这方面的情境内容。

问题情境：联系法是我们学习历史时常用的一种方法，常用的联系方法主要包括因果联系、时间联系、空间联系、人物联系、事件联系等。你在学习中是否用到了这种方法？请结合具体历史知识加以说明。或者你也可以介绍其他认为较好的或常用的学习方法，把它写出来介绍给大家，并结合实例加以说明。

(4)设计体现学校课程资源较高开发的问题情境

为了使学生能够充分地参与探究活动，教师必须具备较强的课程资源的意识，注意对课程资源筛选、加工、整合和再创造。因地制宜，多重途径、多种方式，有目的地开发和利用各种资源，包括校内、校外、网络、学生家庭、所在社区……的课程资源，来创设教学情境。创设的教学情境应具备较好的可操作的条件，具有使师生共同进行学习活动的时空要素。

例如："人民版"必修第二册专题一(二)《古代中国的手工业经济》中关于陶瓷业的成就的教学。

结合学校已开发的校本精品课程《萧山窑》设计探究问题。

探究学习与思考：

①浙江省博物馆专家王屹峰指出："浙江境内原始瓷及印纹硬陶窑址的分布，可以分为三个区域：东苕溪流域、浦阳江流域、曹娥江流域。这三个流域分别处于天目山东麓和会稽山脉北麓，依山傍水，有着相似的地理环境和资源优势。"

结合材料和所学知识说明这样的地理环境和资源对陶瓷制造的发展有什么优势? 萧山窑在中国陶瓷史上取得如此巨大成就的原因是什么?

②结合高中历史教材必修二专题一(二)《古代中国的手工业经济》中关于陶瓷业的成就的内容,思考印纹陶和原始瓷存在的时间,总结萧山窑在中国陶瓷史上的地位。

③结合高中历史教材必修二专题一(二)《古代中国的手工业经济》中关于陶瓷业的成就的内容,思考陶瓷的烧制技术。

探究活动与实践:

①利用课余时间实地走访调查萧山窑的某一窑址(可自行选择窑址,推荐较为完整典型的印纹陶和原始瓷窑址——茅湾里窑址),撰写一篇1000字左右的考察报告,概述该窑址的代表器物、烧制历史及窑址的现状和保护情况等。

②考证这些古窑址的年代,除了用"碳14实验室测定"方法以外,请结合实物观察和所学知识,寻找其他考证这些古窑址年代的方法?

③如此规模的萧山窑,生产大量陶瓷,从取材到成器,没有大量的劳动力和严密的社会分工是难以想象的。试结合所查资料和实地调查,描绘当时陶瓷器具的生产场景,可以是图画,也可以是文字描述。

目前,多样化校本选修课程的开设如火如荼,但也存在课程开发脱离高中学生平时学习实际,质量不高的问题。如何促进校本选修课程与必修课程的内容整合,拓宽学生的学习领域,转变学生的学习方式已成当务之急。《萧山窑》课程的开发,较好地做到了乡土史与历史、语文、地理必修课程内容的有机整合,并创设了促进学生进一步探究学习的实践类问题情境。

(5)设计具有趣味性和浸润性引起学生浓厚探索热情的问题情境

好的教学问题情境必须引导学生对问题作进一步探究、应用和拓展。问题情境必须是学生体验学习的快乐,以形成终身学习的愿望。而问题情境中包含问题进一步拓展的空间,更利于学生进一步的学习,以及创新意识和不断进取精神的培养。

通过营造一种生动有趣的、具有吸引力的学习背景,创设一种与亲和的人际情境交融在一起学习环境,激发学生学习的兴趣和动机,使学生在宽松、和谐、愉悦的氛围中,由面对实际问题的自然想法开始探索,发挥情境的浸润功能以激发学生的探究热情。教学情境中应有较大的使学生进一步深入学习和拓展应用的空间,俾利学生增长进一步学习和研究的兴趣,不断提升探究新知识的意识,逐步实现终身学习的愿望。

例如:操作活动是一种特殊的认识活动,学生在操作时必须同时思考,如何摆放,如何剪拼,如何移动,如何折叠。操作活动能引起和促进学生把"动作"和"思维"紧密结合起来,这在推进学生内化知识意义,发展逻辑思维与空间观察等方面起着重要作用。同时,也是顺应学生好奇、好动的特点,激发兴趣,集中注意,使学生在亲自动手创作的过程中,愉快地、主动地发现问题,解决问题。

在《破解彩陶之谜》一课中展示了小口尖底瓶模型装水演示后,提问学生"为什么装了水后瓶不倒,会自动竖起来?"以此揭示尖底奥秘,紧接着再继续提示问题"如果拿两个尖低瓶去河里汲水,装好一个后怎么办?""拿回家后倒水时尖底又起什么作用?"这样层层设问,引导学生破解彩陶之谜。教师一直带动着学生的思维,充分发挥其丰富想象力,达到破解的目标,完成教学任务。

3.优势互补,有机整合接受学习与探究学习

接受学习和探究学习是两种不同的学习方式,两者在诸多方面都存在明显的差异。

一是侧重点不同:接受学习强调现成知识的掌握;探究学习则强调探究过程。

二是呈现学习材料的方式不同:在接受学习中,教师把学习内容直接呈现给学生;在探究学习中,教师只呈现一些提示性的线索。

三是学习的心理过程不同：在接受学习中，学生只需直接把现成的知识加以内化，纳入到认知结构中；在探究学习中，学生必须首先通过自己的探究活动归纳结论，再把结论归纳到认知结构之中。

四是教师所起的作用不同：在接受学习中，教师起主导、控制的作用；在探究学习中，教师只起指导作用，而不控制具体的学习过程。

正是这些差异决定了它们之间相互制约、相互促进相互和补充的关系。因此，教师在教学中要努力达到不同学习方式之间的整合、平衡和最佳结合状态，根据教学的实际需要和学生学习方式的多样性、差异性和选择性等特点，在接受学习中引入探究方法，在探究过程中融进接受学习，从而使传统的演讲法、实验法、启发分析法、讲练结合法、模仿记忆法等常用的"接受性"教学方法与新课程改革倡导的自主、合作、探究学习方式有机、高效地结合起来，优势互补，取长补短，以求更好地促进学生的发展。

例如："人教版"选修 4 第二单元第 1 课《儒家文化创始人孔子》的教学。

教师选择在配有电脑、历史学习书籍的历史学科教室上课。

教师设计"追寻孔子 2500 多年的历史风尘经历"的探究题，分工分组让学生结合现实生活探究孔子思想主张的实质和价值。

教师：请同学们查找资料，选择适当的角度和自己的思考，通过分组合作探究，来分析孔子思想思想主张的实质和现实意义。

学生小组活动……

学生：我们小组确定的研究主题是"爱的奉献"与"孔子的仁"。先请大家欣赏《爱的奉献》歌曲，然后请大家观看文言文版《爱的奉献》："仁者，人也。仁者，爱人。""能行五者（恭、宽、信、敏、惠）……"

我们学校有个青年志愿者"爱心社"，每到节假日，我们"爱心社"就会开展大规模的社会实践与社区服务活动，"爱心社"已不单单是一个学生社团，而是一个具有高尚情操的青年群体、一种精神的代表和象征。

教师(讲授):《爱的奉献》主题定位很好,反映了时代的呼声。孔子思想的核心内容是"仁",其中很重要的一层含义是爱别人,爱众人,尤其要爱惜民力。孔子认为,要实现"德治",必须提倡"仁"学,即通过内心修养,形成"仁"这个无美不备的德行……

学生:我们小组确定的研究主题是"礼仪之邦与孔子的礼",先来看看礼仪之邦的礼仪仪式表演……

教师(讲授):我来补充下"礼"主张的历史背景和作用,孔子生逢春秋,王室衰微,诸侯专权。在这种情况下,孔子提出……

在这个教学案例中,教师讲授与学生的小组探究有机结合,两种教学方法交替使用,学生既掌握了知识,也锻炼了能力。

四、结语:教师在调和接受学习和探究学习中提升学习品质

新课标理念下学习方式的转变是指由单一、他主、被动的学习方式转向多样化的学习方式,即通过积极的实践与深入研究更好地去认识各种教学(学习)方式的优点与局限性,从而能够根据特定的教学环境、教学内容和教学对象适当地加以应用。在教学过程中,学生往往是在自觉或不自觉地交替使用这两种学习方式,这既是教学的客观需要,也是学生掌握知识、发展智力的需要。所以,我们有时没有必要把学生的学习采用了哪种方式分得很清楚,而是应该关注学生在学习的过程中是否获得了实实在在的发展,是否有效地提升了每种学习方式的内在品质。

第六篇

"表现活动"与"思想活动"

表现活动与思想活动是辩证的统一体。表现活动是思想活动的基础,思想活动是表现活动的提升;思想活动是表现活动的内化,表现活动是思想活动的外化。

一、讨论源起

【对话语录】

"表现活动"和"思想活动"来到医院。

"表现活动"说:"我患了多动症。"

"思想活动"说:"我患了空想症。"

医生给"表现活动"开的药方是:"让'思想活动'做你的导师。"

医生给"思想活动"开的药方是:"让'表现活动'做你的教练。"

教学新课程背景下,课堂教学的模式多样,课堂活动的形式更加丰富。教师为营造课堂氛围、激发学生学习兴趣、调动学生参与、启发学生思考、训练学生学科技能、培养学生情感等目的,在教学中设置了个人活动、生生互动、师生互动的环节。这种凸显学生的主体地位,构建以学生为中心,以学生活动为特征的课堂在时下大行其道。

但在实际的教学中,却出现两种偏差:一是过于偏重课堂中学生的"思想活动"而忽视"表现活动",在教学中,教师喜欢只动嘴,单调地讲,学生便可只动耳,机械地听,学生没有动手实践、动身表演、动情抒发的表现机会和空间,更多的是一种抽象的思维训练和思想提炼。二是过于偏重课堂中学生的"表现活动"而忽视"思想活动",出现了过分注重追求学生外在活动形式的多样化、气氛的热烈,却出现了降低内在思维活动的含量和思想活动的层次等不良现象。一方面,教师大谈特谈"在活动中学习"的优点;另一方面,对于"学习是否都要用活动来支撑"的质疑和"究竟什么是真正的、有效的活动"、"活动到底以什么限度为最佳效果"等诸多问题没有清醒的认识。

【课堂实录一】

"保守"现象:偏重"思想活动",轻视"表现活动"

例如:"人民版"必修第一册专题二(一)《列强入侵与民族危机》中关于国门洞开的教学。

侧重讲述列强的军事侵华,主要讲述三方面内容,即列强打开中国国门的原因、过程及影响。

教师先结合教材内容分析讲述了列强打开中国国门的原因,即世界形势与中国形势。教材内容十分概括,教师又补充了适当的材料来说明19世纪中期之前欧美资本主义迅速崛起,而中国此时正值封建社会末期,国力衰弱,危机四伏的背景,揭示出列强侵华的必然性与可能性。

接着,对于鸦片战争、甲午中日战争、八国联军侵华战争等内容,教师重点放在《南京条约》、《马关条约》、《辛丑条约》的内容讲解上,至于战争的具体过程,结合视频和图片材料,通过投影播放让学生大概了解。

对于列强打开中国国门的影响,教师先让学生阅读然后再归纳,了解具体的危害,并总体归纳为"中国主权遭践踏,逐步沦为半殖民地半封建社会国家"。对于半殖民地半封建社会这一概念教师又给学生作了必要的解释。

点评分析:整堂课貌似中规中矩,教师努力想要达成教学任务,落实学科知识和能力要求。采用的是传统的讲授法和图示演绎法,在教学上基本是单向灌输式的教学,忽略了学生主体的活动过程,学生处于被动接受的地位，学受制于教，学生的思维发展受到了阻碍。认知心理学的研究表明，学生的知识形成过程是外来的信息与学生原有知识和思维结构相互作用的过程，学生的历史目标的达成是通过活动作为中介形成的。在活动中进行思考，在思考中进行活动是青少年的一个重要心理特征。

【课堂实录二】

"激进"现象：偏重"表现活动"，轻视"思想活动"

例如："人教版"选修1第二单元《商鞅变法》的教学。

教师在处理秦孝公决心任用商鞅进行变法这一内容时，组织学生进行商鞅与守旧大臣们对话的情景表演。

主要人物：商鞅（学生A）、秦孝公（学生B）、大臣甲（学生C）、大臣乙（学生D）、大臣丙（学生E）及画外旁白（学生F）。

画外旁白：秦孝公预启用商鞅进行变法，使秦国富强起来。但心中对新法一事还是有些忐忑，于是便召集群臣商议，进行辩论。

大臣甲：依照民俗而施政，不费力就会成功；沿袭成法治国，官吏习惯，百姓也平安。

商鞅：你这是凡夫俗子的言论。你这类官员可以当官守法，但是不能与你讨论变法问题。

大臣乙：没有百倍的利益，不能改变成法；没有十倍的功效，不能更换旧器；效法古代不会有过失，遵循旧制不会出偏差。

商鞅：治世不一道，便国不法古。商汤和周武王因为不遵循旧制才成就大业，夏桀、商纣因为不改旧制而亡国。违反旧制不能否定，因循守旧不值得赞美。

秦孝公：先生之言甚合吾心。（转向众大臣，语带威严）吾意已绝，众卿勿须再议，从即日起推行新法，望诸公身体力行，努力为之，与孤王共创大业，如有违者，必严惩。

众大臣：恭喜大王，贺喜大王，得商鞅获新法，臣等附议，臣等附议……

画外旁白:此时朝堂之上颂扬之声不绝于耳。

……

参与表演的同学是按着教师事先给的稿子照本宣科地念的,其他同学基本成为了看客。在看似热闹的学生"表演"活动结束后,教师对学生的表演给予所谓的肯定,便收场转入变法内容的讲解了。

点评分析:情景表演活动形式确实能起活跃课堂、吸引学生注意的作用,学生喜欢、课堂热闹。但是,我们不能只满足于表面的表现活动,而没有深入挖掘活动的内涵。上述教学设计的角色对话的内容只是围绕改与不改的简单对白,没有体现改革的政治、经济原因和改革核心内容,活动中没有实质有效的辨析,学生思维没有真正被激活,教学重点和难点也没有突破。

二、理性辨析

(一)有效教学需要处理好"表现活动"与"倾听活动"的辩证关系

学生课堂的表现活动主要是指学生的动手实践、动身表演、动情抒发等外在的表现行为,而课堂倾听是学生达成教学目标主要的内在学习思考方式。

课堂倾听和活动表现是课堂学生学习的重要组成部分。历史事件,发生之后便烟消云散;历史人物,百年之后,成为一堆白骨。历史的过去不能重现,使我们不能真实感受历史的变革和发展。这时,教师的素质状况将起到积极的作用,一位具有丰富历史知识的教师,通过精彩的讲解、生动的描述,往往能起到"化腐朽为神奇"的功效。学生在课堂上能认真倾听——倾听老师的讲课、倾听同学的发言,才能积极有效地参与教学活动过程,开启思维的火花,获取知识,培养能力,这样才能保证课堂活动有效地进行。

学生课堂中的动手实践、动身表演、动情抒发的表现活动,是对倾听获取的知识的实践展现。通过表现活动,在教师的指导下,学生能有效巩固习得的知识、纠正存在的偏差,加深知识的理解,提高学科的方法技能。另外,对没有参与活动的同学而言,他们也会在旁观、倾听中获得深刻的体会。

从课堂行为的另外视角看,倾听活动也包括教师。在我们现在的教学理念中都形成了"学生是学习的主人,教师是教学活动的组织者、合作者、引导者"这样一种意识与观念。在课堂上,师生间的互动增强,学生的"声音"越来越响,那么就需要教师耐心倾听学生的心声,成为学生的忠实"听众"。

(二)有效教学需要处理好"表现活动"与"思维活动"的辩证关系

表现活动与思想活动是辩证的统一体。表现活动是思想活动的基础,思想活动是表现活动的提升;思想活动是表现活动的内化,表现活动是思想活动的外化。

历史课堂活动最深刻的内涵是思维活动。认知心理学的研究表明,学生的知识形成过程是外来的信息与学生原有知识和思维结构相互作用的过程;学生的历史目标的达成是通过活动作为中介形成的;在活动中进行思考,在思考中进行活动是青少年的一个重要心理特征。

历史是要通过材料的展现才可能被人所认识的;历史是要通过科学的方法才能被人正确理解的;人对历史的理解是多样性的,不同的视角对历史的理解会有不同;我们应当具有对历史史实、观点、结论的鉴别、评说的能力。历史课堂教学活动从内容、方式、情景上,都应当体现历史学科这些特有的内涵。

新课程背景下,教师重视了开展形式多样、内容丰富的课堂活动,注重了学生的课堂操作活动、游戏活动,让学生在直观感受、亲身体验中表现自我。这是课改给历史课堂带来的变化。教师通过多层次、多方位的动态活动方式,努力揭示历史发展的过程和学生历史思维展开的层次,极大限度地调动学生的主动性和参与感,激发学生的学习热情。学生参与教学过程,积极探求、体验历史过程,使教学的信息传递由教师——学生的单一途径变为教师——学生、学生——教师和学生——学生等多元途径。

三、教学平衡方略

随着素质教育的推行,传统的教学模式越来越不适应时代的要求。在传统的教学模式下,教师积极地讲,学生被动地听是历史课堂上最经常出现的情景。显然,新课改下,这样的教学模式的改变是迫在眉睫了。所以,作为中学历史教师,应该尽力转变理念,改变教学方式,让历史课堂从沉闷中走出来,让活动的美妙身影走入中学历史教学,让思维碰撞的火花闪亮课堂。

(一)以学生为课堂主体,要注重创设和谐课堂氛围的重要性

教师要有一个与时代发展相融的新的教育思想,与人的发展相协调的教学观念。要把学生的主体性体现在教学过程中,跳出教材对教学新思想的束缚,跳出传统课堂教学框架对教学新思想的束缚,以全新的教育理念去面对一个个可开发的学生,使我们教学"收"、"放"自如,让学生真正成为学习的主体。努力创设一个和谐的课堂氛围,提供有利于学生表现活动,充分展示思维的机会。

和谐课堂氛围是指能够让师生参与教学活动,并在其中分享彼此的一种教学氛围。它由理解、对话、民主、自由和宽容等元素组成。这些元素既是组成和谐氛围的重要因素,也是衡量某种教育、教学氛围是否算得上是和谐课堂环境的重要指标。

1. 理解

和谐课堂氛围散发着理解的气息。参与者是在理解的状态下参与的,并在参与的过程中进行理解。正是在理解的氛围中,师生的参与水乳交融、生成意义。课堂教学中,理解是多方面的。从教师的角度来说,教师要理解文本(教学资料),要理解学生(读懂学生),还要理解自己(认识自己)。从学生的角度来说,学生要理解文本,要理解教师,要理解同学,还要理解自己。和谐课堂教学中的理解是交织在一起的——不同层面的理解有可能同时发生,也有可能交叉着发生。

2.对话

和谐课堂氛围是洋溢着对话精神的氛围。对话是和谐课堂教学的内在要求,也是其重要的组成元素。对话既可以是两个个体之间的交流,也可以是几个或更多个体之间的活动,还可以是自我对话,或是主体与文本之间的对话。但需要明确的是,对话不是自问自答,也不是师问生答,而是参与者之间基于平等地位的交流,并在交流的过程中生成共识、分享意义的一种活动。

在对话的参与氛围中,教师不是自上而下给予学生知识,而是通过对话诱导学生。在对话情境中,师生关系是交互性的,教师不只是言者,学生也不只是听者,双方都是对话的平等参与者,他们的听者或言者的角色是即时地相互转换的。角色的即时转换,可以为每一位学生提供更多参与教学的机会。从一定意义上讲,对话本身就是一种良好的教学情景。课堂教学中的对话,是学生主动参与的表现,它有助于参与者(师生)之间达成共识,并达到情感上的交流和理解上的沟通。

3.自由

在和谐课堂的氛围中,每一位参与者都保持着相当大的自由。这种自由是"介于个体和集体之间的某种东西,可以在二者之间流动","它是个体与集体之间的和谐,从而使群体日趋协调一致"。有了这种自由,参与者就不会受到集体心理意识的控制,而在一定程度上失去了独立的自我。

在课堂活动中,学生的参与有主动参与和被动参与之分。学生的主动参与可以从两个方面来衡量:一是学生对教学内容的自主掌握;二是在师生互动、生生互动中处于平等地位,学生能够在教师面前随意表达,并有与教师进行沟通的权利。和谐课堂强调的是学生的主动参与。而只有在和谐的氛围中,学生的主动参与课堂教学才会成为一种常态,没有和谐的氛围,在教学中也就谈不上学生的主动参与。

当然,自由和谐课堂氛围,绝不是让教师完全退居幕后放任学生,也不是取消教学目标和教学任务。在其中,学生的自由是相对的,而不是绝对的。

4.民主

和谐课堂氛围是一个民主的教育场。在民主的教育、教学氛围之中,每一位学生都得到尊重,享受与他人一样的权利;每一位学生在课堂生活中占有一席之地,能够自由地发表一些见解;处于弱势地位的学生将受到更多的关注,他们的权利将得到有效的保护。这样,学生就会产生积极的学习情绪,获得良好的学习体验,从而也就更加愿意主动地参与教学活动。

5.宽容

宽容是和谐课堂氛围的最为基础的元素,是学生全面、全体地参与教学的支持条件。课堂教学中的宽容,是对学生"与众不同"的言行、错误和人性弱点的包容。在宽容的环境中,学生更容易克服畏惧和羞涩的心理缺陷,不怕在学习中犯错误,不担心被老师责备和同学嘲笑,也敢于独立地思考,自由地发表自己的见解,并与老师和同学展开辩论。同时,学生的差异性和独特性,也会得到认可和尊重,并获得发展,学生的创新精神与创新能力也得到了培养。于是,学生参与课堂教学的实效也就得到了增强。而一旦背弃了宽容精神,教学就演化为一种专利、僵化的活动,理解、对话、民主、自由和谐的氛围也将无从说起,课堂教学也必将走样。

教育心理学研究成果表明,民主和谐的课堂氛围,愉快的教学使学生没有精神压力和心理负担,心境愉悦,情绪饱满。在这种状态下,大脑皮层就容易形成兴奋中心,激活神经系统,使思维处于积极状态。

在师生和谐的课堂里,学生会有更多的表现机会,通过朗读、观赏、表演历史剧、看图说史、绘图大比拼等活动鲜明、形象、生动的情景使学生产生相应的情感,这些活动让学生的情感得到释放。一些再现历史场景的"活动"让学生有深刻的印象,在陶冶他们情操的同时还能使他们轻松地学到历史知识。

（二）以问题探究为主的师生互动活动，要注重问题设计与指向的科学性

问题探究是历史课堂教学的重要教学活动内容。通过师生相互活动作用，达到检查学习、促进思维，巩固知识、运用知识实现教学目标的目的。在新课程背景下，历史课从传统的满堂灌输转向启发疏导，从知识传授为主到侧重能力培养，更体现了问题探究的意义。讲课中适时提出巧妙的问题，恰到好处地触及学生思维兴奋点，能起到促进思维、加深理解、巩固知识的功效，并真正调动学生的学习积极性，使其主体作用得以发挥。

但在教学实践中，学生课堂答问并不尽如人意。尽管教师在问题探究内容和方法上颇费心思，却常常不能得到积极配合，学生或胡乱应对，或冷漠消极，时间在沉闷中一点点耗去，最终教师只能自问自答。有时，也会出现师生互动积极，对答如流，课堂气氛相当活跃的现象，但实际却因所提问题缺乏思维性而实效欠佳。

究其原因，不是在于活动本身，而是在问题探究的提问设计上。大多探究问题的设计是以课本、教师为中心，设计上的许多决策都是教师凭个人的经验和意向做出的。有经验的教师凭借这种途经也许能取得较好的效果，但对于大多数教师而言，因为经验缺乏或水平有限，设计提问往往脱离学生的认知水平，缺乏明确的目标导向。要么设计太易，没有思考的价值，使学生产生"不屑一顾"的情绪，不能激起思维的波澜；要么设计太难，使学生望而生畏，课堂气氛沉闷，同样不能激起学生的兴趣。因缺乏对学生认知心理活动的认识，教师往往不能有效激发学生的好奇心与质疑的兴趣，不善启发引导学生思考，无法促使学生积极参与，致使课堂教学效果欠佳。

教育心理学指出：学习是教学的基础，只有了解学生的学习的心理学规律，探明学习的不同类型以及不同类型学习的过程和条件，才可能进行有效的教学设计。学生是学习的主体，任何高明的教学设计，都应符合学生的学习心理，并有赖于学生的积极参与才可能有真正的教学

实效。

1.优化问题设计,以探究学习活动促进思维发展

以问题探究为基点的课堂师生活动,是启发学生思维、促进学生学习的教学手段。而活动的有效性取决于问题设计的质量,探究问题的设计应具有明确的思维发展目标导向,缺乏明确目标的问题探究活动是无组织、无目的,甚至是无效的。明确提问设计的目标,不仅要依据大纲要求和教材内容,更应符合学生的认知心理和思维特征。

从历史教学改革来看,培养学生历史思维能力是落实素质教育的重要环节,而逐渐加强对学科能力,特别是历史思维能力的考查,也是我国高考历史命题改革一以贯之的指导思想。问题设计应侧重于如何促进学生的历史思维的培养。这里,主要从学科的特点和思维品质范式(北京师范大学林崇德教授认为:学生思维品质范式包括思维敏捷性、灵活性、深刻性、批判性、创造性五方面)来谈问题的设置。

(1)从思维的敏捷性出发,设置识别型、判断型问题以培养学生提取信息和判断真伪的能力

历史学习需要讲求实效性,思维敏捷性的活动训练则有助于提高学生思维的快捷与学习的效率。为此,我们可以在历史教学中结合相关资料和有关教材内容设置识别型、判断型的问题。

例如:"人民版"必修第三册专题二(二)《中国的古代艺术》的教学。

为解决学生对中国各类书法体例特点的掌握,笔者设置了这样的情景问题:一群外国友人对中国民俗博物馆里的书法艺术赞不绝口,可惜就是不清楚这些字体和特点,需要一个导游来讲解一番。于是请学生来做一回导游,向外国友人讲解各类书法的特点。教师展示系列书法图片,让学生判断分别属于哪一种字体,并说明依据。

(2)从思维的灵活性出发,设置开放评价型问题以培养学生发散性思维能力

思维的灵活性突出反映在问题的解决可从不同角度、方向进行,问

题的结果往往是多种合理而灵活的结论。在历史教学中,我们可以结合史实设置一些开放评价型问题。

　　例如:设置历史人物或历史事件评价题,以评价拿破仑及拿破仑战争为例。引入意大利爱国者在 1814 年的评价:"没有人比我更懂得湿润意大利土壤并使之恢复生气的每一滴慷慨的法国人鲜血的价值。但是,我必须说这样一句真实的话:看到法国人离开是一种巨大的、说不出的快乐。"让学生从材料出发评价拿破仑及其战争。

　　由于这类问题具有一定的弹性(即问题的可争议性和研究性),在"是"与"非"之间存在较大的思维空间。只要学生言之有理,就允许有不同的结论。这样,便使学生获得极大独立权,学生的主体意识得到了张扬,发散性思维能力得到提高。

(3)从思维的深刻性出发,设置比较型问题以培养学生的分析综合能力

思维的深刻性需要学生对历史事件各方面做深入透彻的认识,需善于由表及里深入思考问题。在历史教学中通过类似的历史事件的比较学习,能有效提高学生的思维深刻性。

　　例如:讲述中国古代的科技成就时,可强调引用鲁迅在《电的利弊》中强调的:"外国用火药制造子弹御敌,中国却用它做爆竹敬神;外国用罗盘针航海,中国却用它看风水;外国用鸦片医病,中国却拿来当饭吃。"再如《人物评说》中说的,同为科学家,当爱因斯坦反对战争时,却有一大批科学家发表"93 人宣言"赞成德国的侵略。以此,来引导学生思考"科技在不同的社会环境中发挥着截然不同的作用"。

　　通过对这些现象设问,可以帮助学生思考历史事件的各个方面,透过表象看到历史发展的本质,从而培养学生的分析综合能力,提高历史思维能力。

（4）从思维批判性出发，设置发展型问题以培养学生的批判思维
能力

思维的批判性强调知其所以然。历史学习的批判思维表现在对传
统的和一般的结论、观点能够大胆质疑问题，对前人积累的知识能够正
确地分析批判，从而获得新的思维成果。

在漫长的历史岁月中，人们的认识无不受到客观条件的制约。由于
受时代与阶级的局限，人们对于客观外在的认识常常存在这样或那样的
缺陷，甚至是谬误。在历史教学中，教师不仅要善于发现问题，而且要积
极鼓励学生质疑问题。

例如：在讲到孔子时不妨从学生的认识角度出发提出问题：孔
子念念不忘的是西周奴隶制社会的礼乐文明，对春秋时期礼乐崩坏
的现象大加否定，那么为什么我们的教材还肯定春秋社会比西周社
会进步？在历史教学中，发展这些问题，对训练学生的独立思维是
十分必要的。

（5）从思维的创造性出发，设置运用型问题以培养学生的创造能力

思维的创造性和创造性思维，它是人类思维的高级形态，是智力的
高级表现；他是根据一定目的，运用一切已知信息，在新情况或困难面前
采取对策，独特的、新颖的且有价值的解决问题的过程中表现出来的智
力品质。根据创造性思维的特点，在历史教学的过程中，我们应有机地
设置一些运用型问题，让学生借助联想，运用直觉，释放灵感，以期达到
"独特、新颖且有价值的解决问题"的目的。

例如："人民版"必修第三册专题二（一）《古代中国的戏曲成就》
的教学。

学习后让学生结合现实生活思考：某戏曲剧院重新改造装修，
有人主张改造成歌厅、迪吧以适合年轻人的需求，有人主张保持原
貌改成老年人活动空间。你比较同意哪种观点？理由是什么？

可以想象，对于当今思维活跃的中学生来说，这一开放型的问

题提出,一定会掀起不小的波澜。

2.优化问题指向,以个性处理促进学生思维发展

学生的学习具有个性特点,这反映了学生的学习思维存在明显的个性差异。有的偏向于逻辑思维类型(如分析、比较、概括),有的偏向于形象思维类型(如直接鲜明的事物、人物、地名、各类条文的内容),有的热衷于历史之谜的探究,有的专攻经济史、政治史、思想文化史、军事史等,不一而足。

教师的问题指向应符合学生的个性特点,在课堂教学中,教师适当设置些菜单式的问题让学生自主选择,可有效激发不同学生的积极参与,有助于学生的个性发展。

例如:"人民版"必修第二册专题七(一)《社会主义建设道路的初期探索》的教学。

结束前,教师可以设置一组问题供学生自主选择,以激发不同学生的积极参与。

A.评价列宁在苏俄探索社会主义建设中的作用。

B.比较新经济政策与战时共产主义政策,并分析新经济政策"新"在何处?

C.新经济政策、罗斯福新政、中国改革开放被称为20世纪三大历史性的改革运动,它们的共同点是什么?

D.联系我们今天的改革开放,谈谈苏俄20世纪20年代的改革对我们的启示。

课堂中教师还应注重问题的指答方向。要能照顾到学生的"点"、"面"和"个性",为了调动每一位学生学习的积极性,让他们主动参与教学过程,教师必须对指定回答的对象进行适当的分配和指导。首先,教师必须细心观察班级里谁在积极参与活动,谁对参与活动不感兴趣,对不愿参与的要调动其积极性;其次,对于不善于表达思想的学生要给予锻炼机会,对于学习不好的学生让他们先回答比较简单的问题,不断地

给予鼓励和帮助,使他们逐渐地赶上去;最后,要特别注意坐在教室后面和两边的学生,这些区域常常被教师忽视。

一般来说,教师可利用学生对问题的理解程度和回答积极性的个性特点来指导。课堂中有这样四种学生:理解能力强、能积极回答的,可利用他们活跃课堂气氛,起到回答问题的带头作用;理解能力强、被动回答的,要积极鼓励,如"你对这个问题回答得非常好。全班同学要向你学习",培养其对答问题的积极性;理解能力弱、被动回答的,引导其进一步对问题进行思考,如"从另一个角度,你再看看这个问题",但不要挫伤其积极性;理解能力弱、积极回答的,给一些较容易的问题,通过其正确回答,以正反馈的方式培养其积极思考及回答问题的兴趣。

(三)以学生个体或群体为形式的课堂表现活动,要注重导学活动设计和安排的合理性

新课程凸显学生的主体地位,构建以学生为中心、学生活动为特征的课堂教学,要求教师的教学活动由包办代替走向宏观调控,即指导、引导、诱导,使学生的多端发散思维、创新能力得到全面成长。这就要求教师在教学环节上对学生动手实践、动身表演、动情抒发等外在的学习活动要精心设计和合理安排。

1.正确建立活动目标

一堂课的目标应当成为课堂活动设计、展开的核心。指导课堂活动设计的基本理念应当是如何使活动能为课堂"三维目标"的落实服务,活动的目标不能偏离我们历史课堂教学这一中心任务。然而,我们有些教师对活动的认识却出现了偏差,活动的目标浅薄、模糊,不仅达不到预期效果,甚至出现偏离历史课堂教学应有的教育意义。

例如:一次同课异构教学展评活动中,有两位教师执教《中国民主革命的先行者孙中山》。课中以学生为主体的活动都占据了大部分课堂时间,从整堂课的效果来看,迥然不同。

一位老师,采用"导学案"的方式,由教师梳理出本课的知识结构图,分基础知识部分和能力拓展部分,以学生自学和小组合作两

种活动形式相结合,充分发挥学生主体作用,解决自己能够解决的问题,从而培养学生学习习惯,教授学习方法。学案的设计体现了本课的目标要求,学生在自主或互助的学习过程中,有读、写、讨论、问答,整个活动目的性、可控性强,能比较充分地展现学生历史学习的过程和方法。另一堂课,教师则把新课教学中应有的课堂活动,导演成一堂"历史趣味竞赛活动课"。内容设置上,以"分组竞赛规则要求"为导入,把"孙中山从医看病"、"孙中山与宋庆龄交往"、"不同阶段孙中山的演讲"等进行情景表演。新课教学的目标没有得到体现,整课大部分体现的是小组以知识填表、知识抢答、情景表演、颁奖这些热闹、玩耍的竞赛氛围。

单从课堂教学模式讲,两节课都体现了创新。前一堂课体现出"自学—辅导"教学模式,后一堂课体现出"活动—参与"教学模式。但是,在课堂活动的目标上,前一堂课活动从设计到活动展开,建立的目标与该课应达到的目标是一致的,能较好地体现出新课程三维目标要求。另一堂课,则背离了新课教学的基本目标要求,从自身设计的活动目标看,只注重了学生在活动中的参与,而从活动的设计到整个过程却游离于该课主题之外,学生一阵愉悦之后,不能真正感悟、理解、认识历史人物。

看来,正确建立活动目标,做到形式与内容的统一是教学活动设计的出发点,如不正确建立活动目标,活动设计达不到教学中三维目标要求,就难以起到活动对突出重点、突破难点的作用,使历史课堂教学效益得不到提高。

2.科学选择活动方式

活动方式是我们教师可以预先设计的。活动的方式也必须科学地选择,要做到课堂活动的内容与形式的统一。不是什么教学内容都适宜开展活动的,这与教学内容的容量、是否是重难点等有关系。也不能一提到课堂活动,就非得要情境表演、分组辩论或竞赛,形式必须有助于内容的深化和思维的发展。

作为教师,应当认识到课堂活动的各种方式有自身的局限性,对不同方式的活动准备、展开、互动、调控,甚至弥补课堂有限时空造成的不足等应进行深入细致的分析。如历史课上常常出现的情境表演,它的剧本该谁准备? 它的参与性如何? 它的剧本内容有意义吗? 它究竟只是为了再现历史还是要有所启发,等等。由于课堂的时间限制,教师采用短小精干、互动性强的活动方式较为理想。

例如:培养学生的历史地理观念,让学生画出秦帝国疆域四至的简图,并挑出比较有特色的进行点评;有的教师为培养学生阅读方法和习惯,让学生自读完成训练内容,并加以辅导;有的教师为让学生理解新航路开辟的背景、过程和意义,采用了采访"航海家"的方式;有教师为突出洋务运动的内容和特点,采用了学生填表的方式。

在活动方式上,如果我们不根据具体的目标、内容而随意行事,很容易脱离历史课堂本该有的学习意义。

3.合理创设活动情景

目标、方式确定,活动将怎样进入呢? 这的确需要创造一种调动学生积极性,引导学生进入角色的氛围,这就是如何使活动更具有历史情景。根据教学目标创设优良的活动环境,是一门教学艺术。在教学实践中,我们应遵循针对性、趣味性、创造性、实效性相统一的创设原则。

对于学生自读、讨论的活动设计,从这类活动安排看,学生能否完成活动,达到活动目的,关键在于学生不仅需要明确他们做什么、怎么做,而且,使之认同他们为什么要这么做才是更重要的。这就需要活动的情景创设引人入胜。

例如:有教师在讲《资本主义时代曙光》一课时,从导入新课过程中就通过美与丑的对比,让学生体会"曙光"与"黑暗"的相对性,这一点题,明确了该课的目标,使学生一上课就有寻找"曙光"历史印证的欲望。接下来的活动,学生也就在教师的引导下,自然地进入活动情景之中。

反之，有的教师在讲授《甲午中日战争》一课时，一开始便把学生分为了代表当时日本和清政府的两个尖锐对立的阵营展开采访、争辩，把学生拉入不可能真正感受的历史时空之中，造成学生间不必要的对立。时空错乱、立场颠倒，又如何正确培养学生的情感态度价值观呢？教师在此情景的创设意图上是要把学生带入当时的战争氛围，即便这样，也没有必要让部分学生被动地接受"日本"这个角色啊。如果，本节课非要开展这样具有对立性的活动模式，也可以选择其他的形式创设一个立场正确、鲜明的情景。比如，教师在明确"是非愈辨愈明"的意图后，设立一个虚拟的"甲午战争的审判庭"，即便有的学生成了被审判的日本，但在正确的审判立场引导下，学生的历史知识、思维能力、爱国情感都将得到深化。

活动的情景是学生进入活动角色的背景和环境，如果我们正确、合理地创设情景，将使学生能够真正愉悦地投入到活动之中，能正确地将活动向良好的方向引导下去，实现我们课堂活动应有的目标。

4.积极进行活动评价

由于课堂活动处于动态形式中，有许多不确定因素，所以教师做出恰当的判断和实施合理的处理办法是非常重要的。要提高课堂效率，使课堂活动能有效地为教学目标的达成服务，除了在宏观上把握好指导课堂活动的目标、内容与形式外，又要在微观上通过及时评价、掌握课堂活动的控制节奏，使之达到预期效果。

活动的目的是为了发现问题、解决问题，学生自己进入活动，成果如何？如果教师没有给予积极的评价，就会导致学生在活动后还是一片空白。教师不仅是活动的设计师，更应成为活动过程中的一员；教师也不仅是其中的一员，更应是其中的智者。历史具有一定的思辨性，历史课堂活动的开展往往会引发学生对知识、观点、结论、方法等内容的思考，教师应该在活动中积极地引导他们去发现问题、解决问题。针对他们的认识，教师也不应该简单地以对错来论，而要及时发现问题、抓住闪光点，在平等交流中有针对性地予以肯定或纠正。

活动后的小结水平是检验活动是否有成效的标准。从对一般课堂活动的评价考虑，教师可采取给出小结提纲——学生小结——教师补充——学生反思的递进方式，使学生学会对活动结果进行观察比较和归纳总结，完成从具体到抽象、从模糊到准确、从单一到系统的思维训练。

四、结语：教师在课堂活动中促进学生思维发展

让学生"动"起来是改革的一个目的，但光"动"起来是远远不够的。换句话说，它是一个好课堂的必要条件，但不是充分条件。那么，充分条件是什么呢？就是要有学生充分的思想活动，能带给学生充实的精神生活。如果没有这个"充分条件"，那么，这个"动"就会是"乱"，热闹就只停留在表面，而实质上并没有带给学生理智的挑战、认知的冲突、内心的震撼和无言的感动。"活而不乱"、"动而有思"、"思而有得"才是新课程背景下课堂教学追求的理想目标。

在教育教学中，我们既需要像电视广告语中所说的"心动不如行动"，还需要"让心灵去旅行"，或许这可以成为教育教学的广告语。

第七篇
"生活原味"与"知识品味"

知识,需要回归生活,但我们不能走入"生活化"的误区。生活,不是知识的时髦"外衣",更不应成为知识的"误导"。只有真正把握了知识与生活的关系,达成和谐的统一,才能让学生更深刻地理解知识,感受知识的力量与价值。

一、讨论源起

【对话语录】

"生活原味"与"知识品味"

一杯茶。

"生活原味"喝了一口说:"我尝到了茶水的滋味,先苦涩,后香甜。"

"知识品味"品了一口说:"我尝到了生活的滋味,先苦涩,后香甜。"

相同的情景,不同的境界。

在教育教学中,知识的学习具有相同的道理和途径:知识源于生活,具有生活原味,但知识又高于生活,具有知识品味。这两种滋味是不同的,前者是直接、具体、感性的,后者是间接、抽象、理性的。这两者又是融合的,前者是后者的基础,后者是前者的提炼。我们不仅应让知识生活化,让学生感受知识的活力,更应让生活知识化,让学生感受知识的魅力。

历史教育反映的是人类丰富多彩和纷繁复杂的社会活动,与现实生活联系密切。新课程下的历史教材,增加了适应时代需要的课程内容,增强了与社会生活和学生经验的联系。

但在实际的教学过程中,我们却经常看到两种教学失衡的现象:一是过于偏重知识品味忽视生活原味,不注重知识的实际生活背景和现实的联系,忠实地执行教材和教参的内容,大量引用原始的材料,抽象地研究知识,教学严重脱离学生的生活实际,这种纸上谈兵的做法使学生学得枯燥无味。二是过于重视现实生活情境而忽视知识品味,在课堂中引入大量的现实素材,频繁地进行时空穿梭,一方面使原本简约了的教材内容重新变得复杂烦琐,使学生的学习关注过于分散,另一方面由于过度注重社会现实而忽视了对教材内容的解读解析,使教学脱离了课程目标和要求。

【课堂实录一】

"保守"现象:偏重"知识品味",轻视"生活原味"

例如:一次高一公开课,教学内容为"人民版"必修第一册专题一(一)《中国早期政治制度的特点》中关于宗法制的内容。为了给学生创设充分的问题情境,某一老师引入大量文史材料来说明宗法制的内容和影响。

材料一:王国维在《殷周制度论》中说:"故天子诸侯之传世也,继统法之立子与立嫡也……立贤之利过于立嫡,人才之用优于资格,而终不以此易彼者,盖惧夫名之可藉,而争之易生,其弊将不可胜穷。"

材料二:《礼》曰:"宗人将有事,族人皆侍。古者所以必有宗,何也?所以长和睦也。大宗能率小宗;小宗能率群弟,通其有无。"

材料三:《左传》:"天子建国,诸侯立家,卿置侧室,大夫有贰宗,士有隶子第,庶人工商各有分亲,皆有等衰,是以民服事其上而下无觊觎。"

材料四:一副楹联:"女无不爱,媳无不憎,劝天下家婆,减三分爱女之心而爱媳;妻何以顺?亲何以逆?愿世上人子,将一点顺妻之意以顺亲。"

教师：请同学们分析材料，材料一、二、三、四分别说明了什么？

3分钟后，教师点名请学生回答。

学生甲：老师，我还没完全看明白，那个……

学生乙：材料说明了血缘宗族关系，嫡长子世代继承权利，诸侯对天子为小宗……

学生脱离材料，按照课本内容说了起来。

教师：你要分析材料，不要照本宣科。

……一片沉默

教师：好吧。我们一同分析，材料一说明了实行"嫡长子继承制"，材料二说明了……（教师无奈，只能把已准备的答案硬塞给学生。）

学生：哦……

点评分析：高一学生由于没有大量的历史知识和深入的历史思维积淀，并且文言水平也有限，所以即使教师很认真辛苦地讲解史料，但学生依然一知半解，无法对宗法制有直观的体验。不能否认，类似这样的教学现象在现今课堂中还大量地存在。教学中不能一味偏重依赖史料的呈现，割断现实的联系对学生知识落实的教学，其设计简单，教学过程单调乏味、机械死板，实际反映的是传统的应试课堂观，不利于学生对知识的理解和感悟。

【课堂实录二】

"激进"现象：偏重"生活原味"，轻视"知识品味"

例如："人民版"必修第一册专题二(二)《中国军民维护国家主权的斗争》中关于黄海海战与反割台斗争的教学。

教师充分运用时政学习资源。

教师：下面我们来看中央6台《赛德克·巴莱》（台湾地区首部大手笔投入讲述少数民族抗日故事的影片）的相关视频，请用心体会台湾地区人民的抗战事迹。

学生认真而有兴趣地观看视频。

教师:看完了视频,我们来谈谈认识和体会。

学生纷纷发言。

教师:大家讲得都很好,现在,日本军国主义势力再次抬头,使得中日关系再度紧张,所谓"海洋危机"愈演愈烈,读史明智,以史为鉴。下面我们来看看黄海海战的有关内容……

点评分析:在新课程教学中,为了解决传统历史教学一味钻入史料分析,会有缺乏生活情境的弊端,我们应强调从学生已有的经验和生活实际出发进行教学,但是,处理不当会出现另一种倾向,即在实际教学时把联系生活作为刻意的方法,没能很好地联系教材知识。如上述课例中教师引入学生感兴趣的电影资料,却没有进一步对"黄海海战失败原因、李鸿章的政策、台湾受日本奴役的过程"等重要知识进行深入联系和剖析,淡化了生活素材与知识内部的联系,导致学生对现实和历史事物之间的关系和规律理解不深、把握不准,不能把生活实例现象上升到应有的知识高度。

同时,频繁使用视频、音乐等多媒体有时会冲淡历史课特有的韵味,会转移学生的注意力,也容易限制学生的想象思维。

二、理性辨析

知识,需要回归生活,但我们不能走入"生活化"的误区。生活,不是知识的时髦"外衣",更不应成为知识的"误导"。只有真正把握知识与生活的关系,达成和谐的统一,才能让学生更深刻地理解知识,感受知识的力量与价值。

(一)有效教学需要处理好"历史原型"与"现实生活"的辩证关系

历史原型通过各种形式存在于现实生活中,现实生活也与过去的历史保持着密切的联系。

历史学的即时性和过去性的特点,使得历史原型都不可能被原原本本还原,任何的历史还原再现必定带着现代人的文化和思想烙印。

人类文明的继承性和延续性的特点又注定了现实生活必定有其历史的源头。

因此，历史学就是在当下文化结构中对过去进行解释的一门学科，它依据人类在政治、经济、文化、社会、思想、日常生活、习惯和制度，乃至心理方面留下的史料进行考证和解释，尽可能还原或再现人类过去的一切行动、思想，以及成就，寻找历史进程的规律，以认识现实的世界，进而指导人类未来的行动。

黄仁宇先生在《大历史不会萎缩》一文中转引帕斯捷尔纳克的话说：历史无法眼见，犹如草叶滋长的过程中，无人能目睹其成长。恰恰是因为"无人能目睹其成长"，后人才需要一个"大历史观"，需要对草叶生长的过程和结果，做一个全面"复盘"，看清其中的各种因果关系，不因一时勃兴而骄傲，不因一时萎靡而颓废，以便能明了自身所处的位置。由于历史学科的特殊性，学生对过去的事件很难去亲身体验和感受，这就需要借助丰富的课程素材，作适当的生活还原，对所学历史进行"复盘"，帮助学生感悟和理解。

（二）有效教学需要处理好"生活原型"与"知识品味"的辩证关系

"生活原型"是"知识品味"的表象和研究源泉，"知识品味"是"生活原型"的本质和探究目标。

历史学是认识和阐述人类社会发展进程及其规律的一门科学，知识内容复杂，综合性强，与人类政治、经济、文化、社会等方面的活动密切相关。在现实的生活中，有大量的历史"生活原型"，与历史相关的文字史料、历史遗迹、照片影像、地图图画、文学艺术作品等资源也广泛存在于人们的物质生活、文化生活等各个方面。人们无所不在、无时不有地在接触感知生活中的历史，由于缺乏专业的史学方法和手段，人们往往不能形成真正的"知识品味"，不能有效组织形成系统的概念，甚至于不能辨别真伪。

历史教育要求在学习史实的基础上，形成对历史本质性的认识，进而探寻历史发展的规律。历史知识本是多姿多彩、丰富生动的，但教科书内容大量是结论性的事实,过多注重历史学科本身的知识逻辑,过于抽象复杂的历史理论和历史概念太多,不能适应高中学生的心理特征和认知发展水平。

因此,教学中应有效处理好"生活原型"与"知识品味"的辩证关系。大量的历史"生活原型"是课程教学的有效资源,其贴近学生生活,散发着时代气息,有助激发学生学习的积极性和主动性,促进学生的理解和感悟。用比较、分析、概括等有效史学方法去解读历史"生活原型",以求辨真伪、明道理、启思维,形成历史"知识品味"。

(三)有效教学需要处理好"现实场景"与"问题情境"的辩证关系

场景,《现代汉语词典》中解释为"某种场合的情景"。而情境的解释是"场景,境地"。从含义本身看,情境包含着场景。它依赖于特定的场景,并在场景中展开、生成。但教学中的"情境"并不简单等于我们通常所说的"场景"。众所周知,情境依赖于特定的场景,如同"现实情境"需要具体的现实生活画面或场景作支撑,"童话情境"依赖于特定的童话故事情节。但问题是,仅有"包含历史信息"的现实生活场景,显然尚无法构成历史中的"情境"之本义。一个真正意义上的情境应该能激发学生乐于参与、关注和活动的"情",并引导学生浸润于探索、思维和发现的"境"。它固然需要以具体的场景做背景、载体,然而,场景本身是否具有"待完成性",即场景的呈现能否有效唤起学生的认识不平衡感、问题意识及认知冲突,场景本身是否具有一种"召唤力结构",即能否吸引学生主动参与到问题的探究、思考中来。而且,这种吸引不仅仅依赖场景外在的东西,比如画面、音乐、动态感等,还依赖于情境中蕴含的历史的魅力,这些更应该成为我们理解、营造情境的核心要素。一个即使没有现实背景,但能有效吸引特定年龄阶段、特定认知水平的学生参与思考的场景,也可以构成有效的情境。

三、教学平衡方略

（一）在历史教学中，"知识味"需要"生活味"的调和

高中历史学科的知识内容由具体的历史史实和抽象的历史认识两部分构成，包括了具体的历史史实、基本的历史概念、基本的历史线索和规律等方面内容。高中历史要完成的能力培养方面主要包括历史技能的培养和认知能力的培养。

历史史实的过去性和不可再现的学科特性，对学生在记忆和理解方面造成很多不便，尤其是在掌握抽象性、理论性很强的历史概念和概括性、通史连贯性的历史线索规律方面具有很大的困难。

为了克服上述困难，教师需要创设一个与知识联系紧密的生活情境来辅助教学，在教学时可以让学生经历知识的发生、发展的过程，帮助学生借助已有的生活经验或知识经验建立思考问题的模型，应势利导解决教学难点。

在历史教学中，要纠正偏重"知识品味"，轻视"生活原味"的做法，"知识味"需要"生活味"的调和。

1. 在具体的史实教学中结合生活元素

"史实"教学是历史学科教学中容易被轻视又比较枯燥的一个环节，从"历史上的今天"去探寻"史实"，能马上拉近与历史史实的距离，有利于学生很快进入学习的主题。

> 例如：学生汇报"历史上的今天"环节，我们一般是一周课中有两次汇报，汇报整一周"历史上的今天"，并选择一到两个与当前历史学习相关的史实进行深入分析。一般"历史上的今天"的相关史实中总有一个史实或角度能与当天课堂的内容相联系。这样可以激发学生学习历史的兴趣，提升历史知识的迁移能力，加深对历史史实的理解、记忆和情感体验。
>
> 学习《伟大的抗日战争》，鼓励学生利用课余时间去搜集"历史

上的今天"的相关史实,每次上课,留五分钟让各小组的学生代表发言,讲述"历史上的今天"所发生的大事,抗日战争中 7 月 7 日、9 月 18 日、12 月 13 日等重要的纪念日,学生总会抚今追昔,多角度分析抗战相关史实的原因和影响。

再如:教师合理利用现实影视素材,有机渗透进行史实教学。历史题材的影片提供给学生超出书本知识以外的历史知识,培养其全面的、宏观的掌握历史事件的能力。同时又以生动的影像,展现丰富多彩而又雄浑壮阔的历史画卷。

教学《中国军民维护国家主权的斗争》一节中的黄海海战时,教师插入《甲午风云》影片中关于黄海海战这一史实的视频,学生通过生动的影像能形成直观的感受,加深对黄海海战史实的理解,在此基础上概括黄海海战特点就容易多了。

利用课外时间让学生收看《大国崛起》、《虎门销烟》、《开国大典》、《邓小平》等历史影视剧,组织学生进行影评,相互交流。这样的体验型历史学习,可以增强学生认识历史的直观性。

教学《新民族主义革命:国共对峙》导入新课时,可以插入电视连续剧《人间正道是沧桑》的简介视频:"一个大家庭,五个年轻人,爱恨情仇。一个国家,两个党派,团结斗争。"一改必修政治史的单调乏味,形象生动的导入很快吸引了学生的注意力,使学生主动去感知这段历史。

2. 在抽象的历史概念教学中联系生活素材

历史概念是在掌握具体的史实基础上,通过抽象概括而形成的对史实的本质性认识。

例如:【课堂实录一】进行宗法制概念教学时,教师如能联系学生熟知的传统习俗,进而应势利导,层层剖析,便会起到很好的效果。

教师:同学们,每年清明节,我们都会做什么?

学生异口同声:上坟祭奠亲人,还有祭祖。

教师:很对(展示现实生活祭奠的图片)。每年清明节,老师也会和自己的兄弟等亲戚一同去陵园祭奠亲人,我发现和不少亲戚的名字有相同的地方,你们呢?

学生议论纷纷:我们也有呀! 名字中确实有关系啊,第一个是姓,第二个是辈分,第三个字是自己取的。

某学生:老师,我们家还有个特殊情况,我三爷爷没有儿子,把我叔叔过继过去了。

……活跃的发言。

教师:说得太好了。其实,刚刚同学们说到的,每年清明时上坟祭祖的各类现象都与古代的宗法制有关系。中国人讲究认祖归宗、叶落归根,家族观念深入人心。

学生:哦,原来这些都属于宗法制的内涵。

某学生:修家谱,算不算?

教师:是的啊,修家谱是一个家族的大事,一个家族联系起来的纽带就是"血缘",家族姓氏的由来、辈分的序列、家族的迁徙和祖上的知名人士等,都是宗法制的相关表现。

……"思想的火花"。

当遥远的历史和身边的现实发生密切联系,枯燥的历史知识和生动的生活课程资源结合在一起,那么,"死"的历史就会变"活",学生也就很容易构建起属于自己的对历史知识的理解和深刻的认识。

3.在历史技能的培养中巧用生活事例

历史技能包括隐形技能和显性技能。隐形技能又称心智技能,是在人脑中进行的隐性能力,指的是认识客观事物的内心言语活动,即顺利完成某些任务的心智活动方式。显性技能也称操作(或动作)技能,指通过学习而形成的合法则的操作活动方式,如绘制历史地图表格、制作历史小作品等技能。

(1)利用学生熟悉的生活化的漫画进行教学,促进学生历史隐形思辨能力的发展

韩国人金正彬、金德镐编绘的《漫画论语》是一部畅销亚洲的国学漫画著作,很适合拓展与孔子相关的教学设计。

图1

图2

图3

图4

例如:"人教版"必修3第一单元第1课《"百家争鸣"和儒家思想的形成》的教学。

讲到孔子思想核心时展示图1,让学生对"仁者爱人"一目了然。接着展示图2使学生感受孔子主张的"仁"具有复杂性,激发对"仁"的含义的探讨。结合图3提问孔子希望如何实现"仁",学生便进入"克己复礼"情境中学习孔子的民本思想。最后展示图4升华学生的思维,漫画旁白点明了孔子的"仁"是狭隘的,然后再做全面评价。

再如:讲到《经济全球化的世界》一课时,由于课文容量不大,本

身可用资源较少,讲解"经济全球化表现",引入生活化的漫画图1进行说明。讲解"经济全球化的本质",引入漫画图2说明。

图1   图2

例如:讲到《当代资本主义的新变化》一课20世纪70年代资本主义经济危机时,可以先引入图1漫画来说明石油危机,再引入图2 "1973年德国公路上的马拉汽车"这一漫画来说明20世纪70年代经济危机影响(阿拉伯国家利用石油做武器,导致世界性石油危机)。

图1   图2

(2)通过制作贴近生活的历史小作品和编制历史图表,使学生在动手操作中学习知识,提高历史显性技能

高分低能,缺乏动手操作能力是传统应试教育的弊端之一,以往人们只是强调理工科要注重动手能力的培养,但只要设计得当,历史学科

同样可以让学生"动起手来"。

例如：讲到《中国古代科学技术成就》一课时，学生潜意识中对于四大发明的相关内容自认是了然于心，如何让这个"熟悉的陌生人"吸引我们的学生，进一步拉近学生和历史的时空距离呢？通过学生自制教具(印刷术刻字或指南针，当然也可以选择"四大发明"中其他一项或几项发明)激发学生的学习兴趣，让学生在动手操作中感受和触摸历史，加深对四大发明及影响的理解和记忆。

理解雕版印刷术和活字印刷术的区别，可以让学生在课前准备好大块的橡皮，上课时直接指导学生用小刀在橡皮上进行刻字，教师进行讲解和提问："对比活字印刷与雕版印刷，毕昇活字印刷术的创新'新'在哪里？具有什么优点？"学生通过自己动手，自然理解了"活字印刷与雕版印刷"两者的区别。

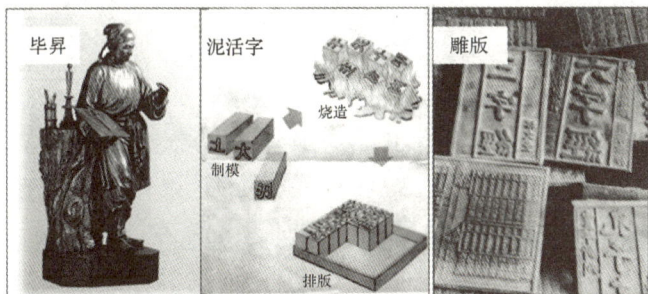

对比活字印刷与雕版印刷，毕昇活字印刷术的创新"新"在哪里？具有什么优点？

新：变死字为活字，变死版为活版。

三省：省时、省力、省钱。

不需要大量人力刻板；不需要大量木材；活字用后回收，可反复排版。

沈括的《梦溪笔谈》介绍了四种指南针的制作方法，分别是：
①水浮法——将磁针上穿几根灯芯草浮在水面，就可以指示方向。
②碗唇旋定法——将磁针搁在碗口边缘，磁针可以旋转，指示方向。
③指甲旋定法——把磁针搁在手指甲上面，由于指甲面光滑，磁针

可以旋转自如,指示方向。④缕悬法——在磁针中部涂一些蜡,粘一根蚕丝,挂在没有风的地方,就可以指示方向了。

课前笔者将该材料结合在学案中布置给学生,指导学生以小组为单位依据材料所介绍的古法制作指南针,可以有适当的创新,课堂上将选取学生代表来介绍自己小组制作的指南针及指南针的相关历史。并用"水浮法"进行了演示。

自己动手模拟,如何自制指南针?

自制指南针

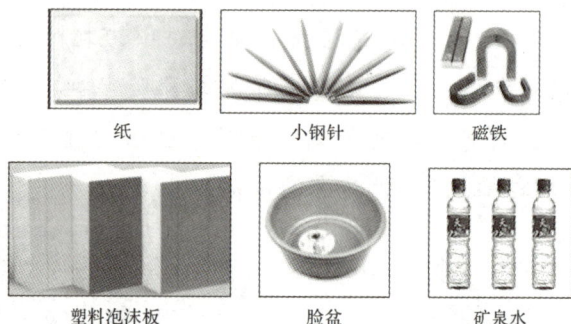

| 纸 | 小钢针 | 磁铁 |
| 塑料泡沫板 | 脸盆 | 矿泉水 |

再如:讲到《世界文化遗产荟萃》中《雅典卫城和奥林匹亚遗址》一课时,笔者让学生观察教材中雅典卫城伊瑞克提翁神庙的女像柱,提问:"伊瑞克提翁神庙的女像柱蕴涵了雅典先民高超的建筑智慧,做到了力学和美学的统一,谁能来分析讲解一下?"对于这个问题除了少数学生一知半解外,大部分学生不能理解。

教师用粉笔制作了教具(粉笔 B 为普通粉笔,粉笔 A 的加工方法是用小刀在普通粉笔较细的一端约粉笔全长的 2/5 处刮去一部分)。

学生能想象得到,在两个粉笔上方同时施加一个压力,粉笔 A 随着所受压力的不断增加,凹进去的细部最先发生折断的现象,而此时粉笔 B 依然完好。再结合教材中雅典卫城伊瑞克提翁神庙的女像柱(特别是女像柱的脖子部分),学生很自然地理解了伊瑞克提翁神庙的女像柱是如何做到力与美的完美统一,屹立 2000 多年而不倒的。

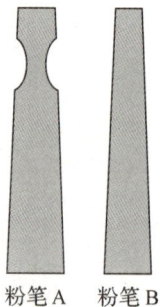

粉笔A　　粉笔B

指导学生编制时间轴、知识轴等图表整理基础知识，提升历史显性技能。

时间轴：指参照数轴的形式（可按需要横向或纵向列出），让学生在占有一定史实知识的基础上，以时间或时期、阶段为坐标点，通过动手实践，把历史的零散知识（主干知识）有机地整合，编织出历史的知识体系轴。

历史是时间的学科，时间是历史学科的根本线索。学会整理编制时间轴有利于更好地掌握历史知识的时间点，培养通史思维。

现代中国的政治建设时间轴

（二）在历史教学中，"历史味"要浓于"生活味"

历史正是由于有了生活才有了不竭的研究源泉，生活正是有了历史才会变得更加绚丽多彩。在教学过程中我们强调合理运用学生的生活经验和"身边的历史"来贴近学生生活，这并不是要忽略学生对未知世界的探究，而是要引导学生利用已知去认识未知。所以，"贴近学生生活"只是历史教学的手段，而不是历史教学的目的，"历史味"和学生历史学科能力的提升才是历史教学的目标所在。

在历史教学中，要纠正偏重"生活原味"，轻视"知识品味"的现象，"历史味"要浓于"生活味"。

1.挖掘教材内容，寻找现实结合点

历史书摆在学生面前，它是一个静止的存在，谁能给静止的知识注入生命力，谁就能使学习富有生命活力，谁也就能激起学生的生命活力。教师可从教材内容出发，寻找与学生生活经验和现实的结合点，并且在情境创设过程中，始终围绕着历史知识和学科能力设置问题情境。

例如："人民版"必修第一册专题四（二）《政治建设的曲折历程及其历史性转折》的教学。

90后的学生由于缺乏生活的经历，往往很难理解那时的一些现象。而学生身边有很多长辈是从"文革"的阴影中走过来的，经历了改革开放的发展历程，在他们的人生经历中，"文革"和十一届三中全会无疑对他们产生过重要的影响。教师在教学前，布置了一题问卷调查作业，题目是《"文革"和改革开放经历访谈录》。

教师结合教学所需，设计以下访谈内容：

①请谈谈有关"红卫兵"和"革委会"的情况；

②请就你经历的"文革"期间破坏民主法制的事件举举例；

③请谈谈改革开放以来，民主政治和法制建设影响自己生活的情况。

学生通过访谈，在课前会有很多翔实的知识认知，对课堂教学的顺利开展可以产生积极的作用。

2.了解学生的学情，捕捉史情结合点

学生的学情包括已有知识、生活经验和认知水平。教师要深入了解学生现有的学习水平，把学生的"最近发展区"作为教学实施的起点，进而探究新的知识。

例如:"人教版"选修 4 第二单元第 1 课《儒家文化创始人孔子》的教学。

教师:我们今天要跨越时空,与一位睿智的老人——孔子对话。他是一位循循善诱的长者,同学们能不能将他的谆谆教诲娓娓道来? 每位同学说一条你所知道的孔子的言论或主张。

学生:己所不欲,勿施于人。

学生:知之为知之,不知为不知。

学生:有朋自远方来,不亦乐乎?

学生:学而不思则罔,思而不学则殆。

学生:知之者不如好之者,好之者不如乐之者。

……

教师:请同学们看黑板。老师已经把刚才同学们的发言做了简单的摘记,并分成三大板块。现在,请你们概括一下这三大板块的言论分别反映了孔子哪三个方面的思想。

学生:(简单议论后)第一板块讲的是"礼"和"仁",应该是孔子的治国方略;第二板块讲的是"个人修养",应该是孔子的自我追求和处世准则;第三板块讲的是学习方法、学习态度,应该是孔子的教育思想。

学生在高一语文学科学习时已经对孔子的言行有一定的了解,上述案例即是立足学生已有知识,调动学生的学习热情,进而探究新的知识学习的过程。

3.开发课程资源,探索学情结合点

生活中的历史课程资源是很多的,需要我们根据所需细心发掘。我们物质生活和社会生活的内容、身边的历史人物、遗迹、文物,以及蕴含历史内容的人文景观、自然景观和文化设施……都可以成为我们的课程资源,从而丰富我们的课堂,让很多人印象中干巴巴的历史在我们身边活起来,充满生活气息。

例如："人教版"必修 3 第一单元第 1 课《"百家争鸣"和儒家思想的形成》和选修 4 第二单元第 1 课《儒家文化创始人孔子》的复习整理。

教师针对孔子后裔在学校周边聚有村落，以及班级有多位孔姓学生的情况，组织成立以孔姓学生为主的《探寻萧山本土孔子后裔》课题小组，并开展有益的探究活动。

课题小组经过实地走访调查，赴萧山图书馆古籍阅览室查看孔氏家谱，特别是在对临浦前孔村孔繁鲁退休教师、孔家墙门和自由孔村孔氏宗祠的走访调查中，组员确信了萧山临浦、义桥、闻堰等地孔氏家族就是孔子的后裔，并且进一步进行研究，撰写了历史小论文。

经过课题组的走访调查研究，几位孔姓学生认为找到了自己的"根"，加深了对历史学的理解和感悟，为萧山的孔氏家族深厚的文化底蕴感到自豪，也坚定地表示，要传承孔氏家族一贯以来"诗礼家风"，传承孔家人真诚、朴实、勤勉，凝聚团结的儒家家风。

走访前孔村孔繁鲁老人   孔家墙门

同时，课题组成员也欣喜地了解到，当地临浦镇、义桥镇党委政府将利用"山后村孔子后裔"和东方文化园的环境优势，建设"孔子学堂"，这一举措让课题组成员更加积极地去探究课题内涵。

(三)在历史教学中,应逐步用"历史味"纠正错误的"生活味"

时下的部分高中历史教材的确存在着这样的问题:编写体例上的专业化和成人化倾向;文字表述上充斥着抽象的史学概念和论述性、结论性文字;语言语气上带有浓浓的说教味。

而中学生,特别是高中生的自主意识与思维的批判性明显加强,认知过程和情感的变化也表现出明显的目的性和自觉性。他们反感生硬的譬喻、简单的贴标签和纯粹的道德说教。因而,当前的中学生更加追求时尚,思维活跃,喜爱网络、影视和新异文学作品。这种情况下,相对于客观和真实的历史过程和历史认识,学生在学习历史前获得的历史认识和历史知识往往是艺术化、故事化的,甚至是被歪曲、被伪造的。

在历史教学中,教师应逐步用正确的"历史味"纠正错误的"生活味"。

1. 巧用影视素材,纠正错误历史认知,促进历史教学

在日常教学中,教师有机穿插一些热播影视剧中的穿帮镜头,不仅能有效纠正错误的历史信息,还能对学生正确史实的学习和巩固起到积极的作用。

例如:"人民版"必修第三册专题一(四)《明末清初的思想活跃局面》的教学。

教师引入新版《三国》桃园三结义的影视内容。

教师进行片段播放,其中有一段描述——刘备在参加会盟时义正词严地高喊"天下兴亡,匹夫有责"……

学生观看。

教师:这段视频中,大家是否发现什么问题?

学生议论纷纷。

学生:老师,课本中"天下兴亡,匹夫有责"这句话是顾炎武讲的呀,三国时刘备怎么会讲到?

教师:呵呵,群众眼睛是雪亮的,同学的发现很正确,"天下兴亡,匹夫有责"这句名言出自明末清初思想家顾炎武的《日知录》。

看来,我们平时看历史剧的时候,要多个心眼了。

……

再如:"人民版"必修第二册专题五(一)《开辟文明交往的航线》的教学。

要让学生理解"新航路使各地区各民族之间的联系日益紧密"这一意义。

教师:新航路开辟后,各地区各民族之间的联系日益紧密。美洲的烟草、玉米、可可和马铃薯等作物经由西班牙带回欧洲,后来又传到欧洲和美洲之外的其他地区,也包括中国,我们的影视剧中也有这样的描写……

教师引入新版《水浒》中的一段视频,最后视频定格为下图:

教师:老师在看新版《水浒》的时候总觉得这段"宋江在玉米地初见公孙胜"的剧情有问题……但问题在哪儿呢?

学生仔细观看片段,议论纷纷。

学生甲:老师,这导演也太搞笑,宋江和公孙胜怎么可能是在那么一片金灿灿的玉米地里。

学生乙:是啊,是宋江和公孙胜"穿越"了,还是"玉米"穿越了?

学生丙:1492年哥伦布发现美洲,玉米因新航路才被欧洲人引进,然后再通过欧洲人引入中国,那么,应该是在明代才对啊! 宋代的时候哥伦布还没发现新大陆呢。

教师:同学们眼力了得,编剧们都得表示"鸭梨山大"了。

2.引用文学作品,纠正学生的错误历史认知,探寻历史本质

文学作品来源于社会生活,又反过来作用于社会生活,成为最易被人们接受、影响面最广的社会意识形态。它包括语言艺术(诗歌、散文、小说、戏剧文学)、表演艺术(音乐、舞蹈)、造型艺术(绘画、书法、雕塑)等。

学生通过课外阅读等接触了很多文学作品,文学作品中的历史人物、事件也逐渐地就成了学生的所谓历史认知。这时,需要我们在教学中适时引用文学作品来纠正学生错误的历史认知,探寻历史本质。

例如:"人民版"必修第一册专题一(一)《中国早期政治制度的特点》的教学。

教师:周朝建立的确切时间是公元前1046年,公元前256年被秦所灭,前后延续800多年。为什么周王朝的政治文化会有如此惊人的稳定性和延续性?

学生甲:老师,我看过《封神演义》,其中有这样的说法:周文王亲自坐辇到渭水河边请姜子牙到朝廷管理国家大事,姜子牙要求文王亲自拉辇迎他回都城,文王拉着辇一共走了873步,姜子牙就保证周朝可享800年的国运。

学生乙:我也看过这本书,周朝延续这么长久在于任用大量像姜子牙那样的能人异士……

教师:《封神演义》只是文学作品,书中所描述的情节带有神话色彩,虽然可以看作是我们的先民的集体记忆,但终究不值得全信。任用贤能固然重要,但周朝政治文化的延续性和稳定性的实质在于其制度的先进性,即分封制与宗法制结合,这两者的结合在一定程度上缓和了统治集团围绕权力继承的内讧纷争……

3.借用民间故事，还原客观历史，辨析历史真伪

学生的历史认知来源的多元化不可避免地带来了一些错误的认知，即使是一些耳熟能详的民间传说故事，也存在一定的真伪问题。教师如果能够在历史教学中适时又恰当地引入一些民间故事，对民间故事的产生与流传进行合理的分析，有助于纠正学生历史认知中的错误"生活味"，进而提高学生辨识历史的能力。

例如："人教版"选修4第一单元第1课《统一中国的第一位皇帝秦始皇》的教学。

教师：秦因暴政二世而亡，似乎已经成了历史的定论，请同学列举你所知道的秦暴政的史实。

学生甲：秦始皇焚书坑儒，对思想文化严加控制，这是文化领域的暴政……

学生乙：秦始皇大修骊山墓、筑长城和道路系统，每年役使200万民夫，导致民怨沸腾，历史上不就出了"孟姜女哭倒长城"的事嘛！

学生丙：还有修筑阿房宫供自己淫乐……

教师：同学们罗列得很好，既有教材上的史实，也有课外所学，但老师要说这么一个观点——民间故事不等于历史事实。"孟姜女哭倒长城"的故事家喻户晓，讲了秦始皇时，青年男女范喜良（范杞梁）、孟姜女新婚三天，新郎就被迫出发修筑长城，不久因饥寒劳累而死，尸骨被埋在长城墙下。孟姜女身背寒衣，历尽艰辛，万里寻夫来到长城边，得到的却是丈夫已死的噩耗。她痛哭城下，三日三夜不止，这段长城就此坍塌，露出范喜良尸骸，孟姜女于绝望之中投海而死。这个故事成为秦始皇暴政的铁证。但事实是，孟姜女哭长城中的山海关长城修建于秦代以后，当时当地并无长城，何来"孟姜女哭倒长城"一说。而史书上记载的孟姜女的故事发生在春秋时期。据《左传·襄公二十三年》记载：齐庄公四年（前550），齐伐卫、晋，回师攻莒时齐大夫杞梁战死。杞梁妻迎丧于郊，相传她哭夫十日，城墙为之崩塌。后世以讹传讹，把杞梁妻说成是秦始皇时代的人，演

绎出哭长城的故事。

学生听到老师的解释都非常惊讶⋯⋯

教师:各位同学,民间故事虽然广为流传,甚至深入人心,但其间也有真伪,我们学习历史,需本着科学的探究精神,挖掘与现实和时代密切相关的知识内容,同时也要求我们多多认知历史学科研究的新趋势和新成果,去伪存真。

学生纷纷表示赞同。

四、结语:教师在把握知识与生活的关系中达成和谐

陶行知先生的"生活教育理论"告诉我们,生活就是教育。现实生活的需要是历史学科存在的根据,同时,现实生活也是历史学习的最丰富的知识来源。

学习的"滋味",可以从生活的源头找到,这种"滋味"是新鲜的、实在的、感性的;学习的"滋味",还应该从知识的深处得到,这种"滋味"是新奇的、内在的、理性的。在这两种"滋味"的调和下,学习素质才会健康地发展。

第八篇

"学科知识"与"学科文化"

学科的工具价值和文化价值是辩证的统一体。学科的工具价值,只有与学科的文化价值统一,才能使学科教学发挥最大价值。学科发展包括学科知识的发展和学科文化的发展。学科文化在学科知识的发展中产生,同时又促进了学科知识的进一步发展。

一、讨论源起

【对话语录】

"学科文化"问"学科知识":"你是谁呀?"

"学科知识"说:"我是你的原型呀。"

"学科文化"不相信自己的眼睛:"怎么长得不太像呢?"

"学科知识"说:"因为你已经增光加彩了,长了见识,添了气质。"

经 DNA 鉴定:"学科知识"确实是"学科文化"的本体。

历史学科知识包含了学科的基本史实、概念、线索规律,以及学科技能方法,是历史学科文化形成的基石。历史学科文化由学科课程性质所决定,历史学科的课程文化体现了学科的核心价值功能,以唯物史观培育学生历史意识、提高人文素养,形成正确的人生观、价值观。

新课程历史教学,强调课程目标要从单纯注重传授知识、培养能力转变为引导学生学会学习、学会做人,思想情感教育目标突破以往单纯的政治教育的层面,注重人文素养和科学精神的培养。

但在实际的教学中,却出现两种教学的偏差:一是过于重视学科知识的学习,忽视学科文化的发展,将学科教学等同于知识、工具和技巧。于是,工具性的知识巩固、技巧训练充斥学科教学过程中,形成了保守、自缚、僵化的"茧式"课程文化,削弱了课程本身所具有的创新培养、思想净化和文化再造等诸多教育功能。二是过于重视人文性,忽视知识和工具性,变以往的重"知识落实、技巧训练"弃"体验感悟、价值升华"为如今的重"体验感悟、价值升华"忘"知识落实、技巧训练",造成知识本体的失落或淡化,导致人文教育的不实。

另外,许多教师把"工具性"和"人文性"看成了两极框架,错误地将两个概念实体化,认为"工具性"与"人文性"是两类均可实指的客观事物,从而煞费苦心地将其在教学过程中加以外化、突出或放大。

【课堂实录一】

"保守"现象:偏重"学科知识",轻视"学科文化"

现今学案导学教学大行其道。

例如:"人民版"必修第一册专题七(一)《英国代议制的确立和完善》的教学。

教师运用导学案全程教学。

课前——

教师依据《课标》要求"了解《权利法案》制定和责任制内阁形成的史实,理解英国资产阶级君主立宪制的特点",制作好导学案,下发导学案。

学生依据导学案预习,课前知识梳理,做好导学案预习习题。

教师批改导学案预习习题,了解学情,依据学情设计教学。

课中——

教师与学生围绕导学案,教师讲解,学生小组合作学习、展示,教师点评,重点突破学生不懂和难懂的环节,最后进行小结提升,学生进行课堂巩固训练。

点评分析:我们不否认,这种突出重点、讲解难点、典型示范的学案教学对于双基落实的有效性,但这种教学依然是应试观念下的围绕高考转,历史教育的本真无法得到彰显。这种课堂教学缺少了历史细节、生活气息、生命质感、思想灵魂,最终也就缺失了人文精神。一位学生在学习了高中历史"人民版"必修第一册专题七《近代西方民主政治的确立与发展》后,写下了这样一段学史心得:学完了这一单元,我弄清了"代议制"、"君主立宪制"、"民主共和制"、"联邦制"等许多概念,知道了英国君主立宪制与德国民主共和制的区别,英国代议制与美国代议制的区别,诸如此类。我的困惑与疑问是,学习这一单元的内容,目的就仅此而已吗?知道了这些概念、区别等,除了应试之外,又有什么用呢?

其实,说出这种困惑的学生何止这一位,对教师而言,"除了应试之外,还有什么用"的发问,更是值得深入思考的。

【课堂实录二】

"激进"现象:偏重"学科文化",轻视"学科知识"

例如:"人民版"必修第一册专题四(三)《一国两制的伟大构想及其实践》的教学。

教师讲到台湾的问题时,先播放了诗人余光中的《乡愁》,来说明台湾人民的回归之心。接着出示一组在台湾旅游的照片,结合自己经历谈到台湾文化与大陆文化的联系,并播放了歌曲《龙的传人》,表明中华文化对两岸文化的深远影响。然后,教师又展示了自己在台湾经历强台风的照片,并出示了大陆援助台湾的照片,以此说明两岸人民一家亲,"血浓于水"。整堂课弥漫着浓浓的"人文气息"和"爱国主义"情怀,似乎两岸"民心所向",统一指日可待了,而对于台湾问题形成的历史原因、现实政局和"和平统一"国策的分析却明显淡化。

点评分析:这种思想教育不实,意识形态很浓。看起来重视人文素养培育,宣扬了许多让学生接受的理想、目标,实际上降低了学科知识的学习和教育性。学生人文素养的提高、价值观的发展必须基于对历史史实的理解和感悟,与自身生活实际、知识经验密切联系,华丽的言辞、强行的说教只会适得其反。

二、理性辨析

（一）有效教学需要处理好"学科知识"与"学科文化"的辩证关系

学科的工具价值和文化价值是辩证的统一体。学科的工具价值,只有与学科的文化价值统一,学科教学才能发挥最大价值。学科发展包括学科知识的发展和学科文化的发展。学科文化在学科知识的发展中产生,同时又促进了学科知识的进一步发展。

斯普朗格以为文化是由两个相关过程组成的:一个是文化的传播过程,另一个是文化的创新过程。提倡学科文化,是想提倡两种主张:一方面,主张不仅要从学科知识的自身逻辑,而且还要从人的文化素养养成的视角来分析作为教材的学科知识体系;另一方面,主张从个体的人获得文化修养的角度来检讨学生的学习方法。

科学哲学家拉卡托斯把一门学科、一种理论体系二分为由核心知识构成的"硬核"和由细节性知识构成的外壳性"保护带"。也就是说,核心知识是学科的根本,决定着该学科的存在。或者说,一门学科,因其"根本"才成其为这门学科所代表的独特的文化,学科中具体的知识、知识的细节只是文化的表层、外壳。如果说学科文化广义泛指学科中的所有知识,那么狭义所指应限于学科中核心的、特别的、能对人的修养产生重要影响的那些东西,那些深层意义上的东西。很显然,狭义的学科文化即学科的基本观点、看法、情感、态度、思想方法等。学科文化中的核心"知识"存活于各种语言、文字材料中。

（二）有效教学需要处理好"学科文化"与"意识形态"的辩证关系

中学历史教育是公民教育的基础,其首要目的是培养学生形成优良公民品德,使学生树立服务社会、服务他人、服务国家的自觉意识。学生学习历史,既要掌握基础知识、基本技能,更主要的是形成特定的对本民族历史的集体记忆,培养国家所需的世界观。历史事实是客观存在的,而对历史知识内容的选择和表述却是主观的,因为中学历史教育内容在选择和表述上必须充分体现国家意志和主流意识形态。

不同国家所反应的历史观和社会价值观是不一样的。因为不同的国情决定了各国史观的差异,站在意识形态的角度,欧美国家的历史教科书往往把西方民主制作为政治文明发展的终极模式,把西方社会的发展当做全球发展的中心,把西方社会的价值观作为普世的道德观。所以,对同一历史事件,在不同国家的中学历史教科书中的表述中往往大相径庭。例如,同一个"二战"中的战争行为,在美国历史教科书上叫做"诺曼底登陆",在俄罗斯的教科书中则称为"开辟欧洲第二战场"。再如,我们教科书中的"义和团运动",在欧美的历史教科书中被称作"拳民暴乱"。

学科文化需服务、服从于国情和国家主流意识形态,中学历史教学有比较明显和浓厚的意识形态色彩,这是由我国的基本国情决定的,也是由我们的文化传统决定的,更是由我们的价值取向决定的。在教学中我们需把主流意识形态和价值观有机地与学科知识和观点结合起来,避免简单的说教和灌输。

(三)有效教学需要处理好"个体文化"与"社会文化"的辩证关系

历史学科不是实验科学,历史是个人通过学习内化为自我知识建构的,其形成学科文化品性具个体性的特点。所谓"社会文化"是指社会的信仰、思考和行为方式的公共意识形态。我国是一个极为重视群体意识和行为的国家,学校教育的重要作用之一,就是帮助个体完成社会化的过程,将个人的个性和品行发展融入社会发展中。

新课程教学又倡导促进在每个学生共同成长的基础上有差异的个性发展,因此,我们应有这样的理念:在个体发展中包含着社会性发展,每个人的发展也必然带动社会的发展;谋求个体与社会的内在统一,承认个体的独立性和变化性。个体文化需融入社会文化中和谐发展,在大社会文化的背景下,我们要包容个性的发展和思想的差异。

新课程教育强调回归生活,把学生的社会化的基础建立在现实生活的观察、体验、认识、理解和反思方面上。学生历史品质、人文素养的发展需要在社会实践中得到锻炼,要通过现实生活的直接经验、真实评价来培养。

三、教学平衡方略

(一)提高教师学科素养,提升人文教学能力

《普通高中历史课程标准(实验)》指出历史课程的性质是:"用历史唯物主义观点阐释人类历史发展进程和规律,进一步培养和提高学生的历史意识、文化素质和人文素养,促进学生全面发展的一门基础课程。"由此可见,"课标"将历史教育功能的核心价值定位于培养和提高学生的历史意识、文化素质和人文素养,体现了历史教育的"元价值"。这也是历史教育的"终极目标"。

德国教育家第斯多惠曾说:"谁要是自己还没有发展培养和教育好,他就不能发展培养和教育别人。"因此,教师必须提高自己的学科素养。历史教师本身是否具有人文价值观,是否具有积极的人文教育意识显得尤为关键。历史教师要承担起培养学生人文素养的职责,首先必须自己具有较高的"人文素养",所谓"欲人文社会,必先人文自身;欲人文他者,必先人文自己"。

学科素养即学科文化。中国社科院吴伟教授在《历史学科能力与历史素养》一文中,对历史学科素养作过如下界定:"通过日常教化和自我积累而获得的历史知识、能力、意识及情感价值观的有机构成与综合反映;其所表现出来的,是能够从历史和历史学的角度发现问题、思考问题及解决问题的富有个性的心理品质。"如果说学科知识是学习的基础,是分析问题、解决问题的源泉,那么,学科文化就是依托,是观察社会、思考人生的保证。学科文化是属于深入内心的一种修养、一种影响人们生活的行为。借助这一行为,人们能够形成正确的思考问题的角度与习惯,

能够养成科学地对待历史和运用历史的能力。

历史学科本身有着深厚的人文内涵，但作为一名中学历史教师所需的人文素养绝不止于本身所掌握的相当专业知识。和其他教师一样，中学历史教师的人文素养应当包括一定的人文知识、人文精神和人文教育方法。而关心学生生存、促进学生发展更是其人文素养的核心。

1. 提高教师的人文知识

人文知识是教师人文素养的基本组成材料。中学历史教师大多经过了一定的专业训练，具备了相当的历史专业知识，这是其人文素养优于其他学科教师的方面。然而，需要指出的是，多数历史教师接受的是一种"历史科学"教育，而非"历史知识"教育。他们往往又囿于本身所掌握的"历史科学"而忽略了对"历史知识"的摄取。因此，历史教师提高自身人文素养，首要的是增长自身的历史知识。

教师必须不断学习，加固学科功底。要通过学习，拥有丰富的历史知识，除此之外，历史教师还必须广泛涉猎文学、哲学、艺术等人文知识领域，使自己成为博学多才的人，能够在学生面前展现一种通晓古今中外、博识天文地理的人格魅力。教师努力提升自己的历史人文知识，才有可能轻松驾驭课堂，培养和提高学生的历史人文素养。这就需要进行广泛的阅读，厚实底蕴。

苏霍姆林斯基说："无限相信书籍的力量，是我的教育信仰的真谛之一。"教师提升人文知识素养最重要的是养成良好的读书习惯，系统地阅读，批判性地阅读，不仅要读学科专业书籍、教育类书籍，还要读文学作品、历史著作、哲学经典等。著名画家张大千先生说："作画如欲脱俗气、洗浮气、除匠气，第一是读书，第二是多读书，第三是有系统、有选择地读书。"

读书对于画家尚且如此重要，更何况是教师。教育是一项传承文明和接续历史的事业。而作为丰满教师心灵的文学、历史和哲学等人文科学，对于拓展教师的精神空间、丰富教师的内心感受、对抗教师生活的平庸与空虚，有着不可替代的价值。因此，教师应该有自己的读书计划，没有广泛的阅读,就没有广阔的精神空间,也就没有丰厚的创造教育的人文底蕴。

现今不少教师有一个共同缺点就是:疏于读书——他们无暇读书,无心读书。他们除了读教材、教参、习题集之外,基本不读别的书,这正是一个教师缺乏人文素养的重要原因。导致教师知识面狭窄、思维僵化,不能融会贯通,工作内容、教学形式趋于教条化、课本化,对教书育人的认识和把握的层次较低,人格品位低下,凡此种种,对学生及国家的长远发展无疑是不利的。也影响到我们作为教师的自豪感、改造世界的冲动和欲望,以及教育的力量和对教育的信念。

"读书使人明智",特别是读好书。一方面,教师爱好读书自然有助于摄取更多的信息和思想养料,有利于创新教学活动,培养学生的智慧;另一方面,教师的读书人格可以感染、熏陶学生人格的积极成长。这种心灵和精神上的以读书及其人文趣味为纽带的"读书育人",是教师和学生相互追寻生命价值的支撑,是师生相互的智慧和人格力量的共生共荣,即双向度的成长,而非单向性的教师对学生的影响。教师要走进教育大师的智慧和心灵世界,认真地、虔诚地、不浮躁地阅读几本世界名著和教育名著,触摸和倾听圣贤的心声,与大师进行历史的和现实的对话,这是多么美妙、浪漫的体验! 教师可以通过读书改善知识结构,提高人文素养。

但是,激烈的升学竞争和众多的检查考核,使得教师不得不围着课堂转,忙忙碌碌,疲于应付。工作时间上的"早五晚九"、"神出鬼没",教学过程中的"五认真"、"六统一",更使教师的正常生活异化,个性空间丧失。于是,临阵磨枪、东搬西抄、人云亦云、浮光掠影,不经意中成了教师读书、备课的捷径。满足于教材讲义,热衷于"参考大全"……沉不下去,不肯从源头上去读书,静不下来,不愿从第一手资料去备课。

"功夫在诗外",可以这样说,读书是教师自身成长的必需,是催开教育之花的源源活水。广博的读书应该是现代教师的另类备课。

2.提高教师的人文精神

人文精神是一种普遍的人类自我关怀,它是整个人类文化所体现的最根本的精神,以追求真善美等崇高的价值理想为核心,以人的自由和全面发展为终极目的。它是教师人文素养的核心要素。

中学历史教师由于本身肩负着培养和提高学生人文素养的重任,其所具有的人文精神意义非同一般。教师是直面学生的,在教学中教师不仅传授知识,同时也进行"润物细无声"的心灵感化。教师在他们所从事的教学活动中,无时不在以其自身的素质感染和影响学生的思想、心理和行为,例如教师对教学科研的敬业态度、不囿于陈规的创造精神、对人生与社会的点滴评论,乃至待人接物的仪态风貌,对学生都有着深刻的教化作用。这种影响力是自然的、非强制性的,而作用却是巨大的、长远的,它能够深入人的心灵底层,潜移默化地发生作用。

教师必须健全自己的人格和心理。教育的真谛是育人,育人的核心是塑造人格、养成道德、培养人文精神。人格、道德、人文精神的获得更多要通过潜移默化的感染、熏陶,因此,教师必须道德高尚、人格完整,这也是素质教育提出的要求,而且这种道德人格必须建立在上述知识、观念、意识的综合融通的基础上,这样的道德人格才具有巨大的教育价值和教育个性。心理健康是现代人立足社会、生存发展的一项基本素质,教师的心理素质不能满足于平衡心理、愉悦生活的层次上,而更要以健全的心理素质去操纵课堂教学和课外教育活动,以从容不迫、游刃有余的理智去准确生动地感染学生,以自然真实的情感表达与学生产生心灵的共鸣,以形式多样的心理技巧增进教育教学的成效。

3.提高教师的人文教育方法

人文教育方法是教师人文知识、人文精神得以通过教学转化为学生人文素养的手段。在人文教育的方法方面,要坚决摒弃那种简单的"灌"、"说教"、"训导"和"训练"。这是由人文知识的性质所决定的。作为一种反思性、主观性和个体性的知识,人文知识所期待的并不只是简单的掌握和应用,而是期望能够引起学习者真正的关注和反思。因此,有效的人文教学方法应是"讨论"、"对话"、"实践"和"反省"。

　　作为这种有效教学的条件，教师和学生都必须拿出勇气、坦诚和耐心，要能够面对那些自己不敢直面和坦言的东西，要能够耐心地倾听他人的困惑、痛苦和无奈。作为教师，特别要放弃久已习惯的权威地位，以一种平等的精神来组织教学。

　　一方面教师要树立以人为本的教育思想，一切教育的出发点都应该是学生，应该是面向全体学生，并且注重学生的全面素质的培养和学生个性特长的发展，为学生的终身发展奠定基础。另一方面，树立大教育观——教育要面向世界、面向未来、面向现代化，既"教书"又"育人"。

　　现在，仍有相当一部分教师把学生仅仅看作知识的容器或成人的附庸，像揉面团一样无视其作为完整意义上的人的存在，无视其年龄特点，从而导致受教育者的畸形和片面发展。甚至个别教师本身在时代的潮流中就流入了唯利是图、自私自利的糟粕市场中。与此同时，现实中还有一种情况，一些教师并不是教育理论的无知者，他们懂得教育对象身心发展的特点及有关教育教学规律，一旦落实到教育教学实践便完全又是另一码事。可以这么说，一日不彻底转变教师已有的陈腐的教育观念、不清除市场经济中的糟粕，一日无教育的彻底改观可言。

　　教师要善于挖掘，教学相长。历史教材是历史课程资源的核心，是进行历史教学的基础。新课程教学要求教师要具有"学本意识"，既将教材视为教师教学的文本材料，也将教材作为学生学习的材料，教师在备课时要依据历史课程标准，要深入挖掘教材中蕴涵着的有利于培养学生的历史意识、文化素质和人文素养教育要素，对教材内容进行整合，充分挖掘，进行必要的补充和创生，合理运用教材。

　　课堂教学的核心价值在于形成学生主动、健康发展的意识与能力，通过"教书"实现"育人"。在教学设计和教学过程中强调知识与能力、方法与过程、情感态度价值观的和谐发展。综合运用多种教学手段方法如案例法、情境法、调查法、实验法和发现探究法等，同时结合现代化的教学手段如多媒体、广播电视新闻、影视戏剧等新型美感现代教育方式，实施因材施教，实行多元化、多层次的教学评价，给予学生积极的肯定。"横看成岭侧成峰，远近高低各不同"，故应激励学生放胆而言，使其平等参与到教学中来，在观点的碰撞中闪耀智慧的光芒，让每个学生都切实感到"展览"思想的乐趣和荣耀。同时，要扩大学生的课外阅读内容和范围，提供多种机会让他们参与社会实践活动，让他们走出课堂，了解社会，在实践中体验、感悟、提升。

在教学实践中，可以根据学生不同的年龄特点和学科能力的不同要求，摸索出一套较受学生欢迎的教学方法。如在高一年段针对学生比较好奇的年龄特征开展激趣式教学法，在高二年段则进行乐学教育法，对于高三年段的学生开展自主参与式教学法。经验丰富的教师还善于采用身体语言和直观教具吸引学生的"无意注意"，使学生在课堂中能准确地捕捉信息，并在脑海中形成直观而深刻的印象，这些印象是与教师在授课过程中的语言和其他表现同时并存的。学生正是在这种获得知识的过程中体验学习成功的快感，产生心理上的满足，从而对使自己获取知识的教师产生信任和崇敬。

（二）洞察教材知识内容，挖掘学科文化内涵

1. 从历史素材中找人文属性，培养学生学科素养

富有哲理的典故，丰富多彩的历史图片和历史资料。古代中国辉煌的文明成就，近代著名爱国将领不屈不挠、顽强抗争的民族精神，期间全民族的团结，中国共产党在民主革命时期为人民解放事业不懈奋斗的历程，改革开放带来的社会巨变，港澳回归的重大历史意义等，令我们骄傲自豪或敬仰震撼。教师教学时要营造与教学内容相吻合的教学情境，把这些情感因素有机地融入教学过程，培养学生的学科文化素养。

例如："人教版"必修三第二单元《西方人文精神的起源及其发展》中关于苏格拉底的智慧的教学。

为更好地阐释教材中苏格拉底的"认识你自己"在哲学上的内涵，教师引入苏格拉底的三句名言：

"人就是人，是自己命运的主人。在某个意义上你自己也就可

以制造一切事物。"

"未经检讨反省的生命是没有生存价值的生命。"

"世界上最快乐的事,就是为真理而奋斗。"

然后教师以"认识你自己"为题,对应苏格拉底三句名言的含义,让学生小组合作讨论,主题为:说说自己的优点及理由,发现自己的缺点及缘由,举例一个经过自己的正确判断而坚持的观点。通过观点交流和师生互动,来深入理解"认识你自己"在哲学上的内涵,进而提炼出其人文精神的要素,激发学生的人文情感。

2. 从平实中找亮点,促进情感价值发展

历史也有一些内容似乎平淡无奇,背后却蕴含着丰富的情感因素,从汉代到元代政治制度演变的史实,中国古代政治制度的特点,折射出中华民族管理国家的政治智慧。我们可以引导学生用现代社会民主政治的公民价值观来评判古代中国的政治制度,使学生感受专制政治的诸多弊端,理解民主法制是历史发展的必然趋势。

例如:讲到罗斯福新政,列举新政的内容,认识新政的特点,探讨新政在资本主义自我调节机制形成中的作用,教师在教学中可满怀情感地简介罗斯福的个人经历,赞扬罗斯福不怕困难、锐意改革的精神。

3. 从"美丑"中找对比,培养正确的价值观

在展现教学资源"美"的同时,也应当重视"丑"的特殊作用。通过对某些丑人丑事的深刻揭露和无情鞭挞,从反面激发学生对美的追求,并在鲜明的对比中,培养学生正确的爱憎观、美丑观、荣辱观和是非观,从而求得正确的审美观。教师在利用教材时,树立"学本意识",坚持正确的舆论导向,依据学生的认知逻辑,合理整合,充分挖掘其中蕴含的情感态度与价值观教育资源,落实到每一次的备课上,落实到课堂教学的各个环节和各种活动中。

例如:讲到"新航路开辟的原因和影响"时,列举哥伦布等航海

家开辟新航路的史实：

　　1492年10月，船队已与世隔绝地在大洋上漂泊了3个星期，可是陆地的影子还是看不见。满面胡茬，衣服也由于汗浸水淋而板结成块。海员开始公开抱怨，他们说这次远航是愚蠢的，有几个海员要把哥伦布扔到大海里后再返航回去。可是哥伦布毫不动摇，还是要继续向西航行。10月7日，他们看到一种肯定不是海鸟的小鸟越过头顶向西南方飞去。这时正值大批候鸟从北美飞向加勒比海岛群和南美过冬的转徙高潮。因此，哥伦布就以候鸟为航标，率领整个船队朝西偏西南方航进……

　　通过教师生动描述航海的艰辛，赞扬了航海家勇于探险和积极进取的精神，激发学生对哥伦布等航海家所体现的人类可贵品质的敬仰和崇拜。

　　继而教师引用哥伦布遗嘱、航海书信等有关史料。

　　材料一：我在1492年发现印度大陆以及大批岛屿……在此以后，我回到卡斯提尔觐见王上，而王上依据我的陈述，命令我进行第二次的航行以求新的发现，并在我所发现的土地上建立殖民地。主宰赐福，我在那绵延六百哩的小西班牙岛（指海地岛）上得以成功；我征服该岛并使它的居民纳贡。

　　　　　　　　　　　　　　　　　　　——引自《哥伦布遗嘱》

　　材料二：这件事情有许多见证人，即在刚抵达委拉瓜（委内瑞拉）的头两天，我曾见到比我在小西班牙四年中所见到的黄金还多得多……黄金是一切商品中最宝贵的，黄金是财富，谁占有黄金，就能获得他在世界上所需要的一切，同时也就取得那灵魂从炼狱中拯救出来、并使灵魂重享天堂之乐的手段。

　　　　　　　　　　　　——引自《哥伦布致西班牙国王和王后书》

　　教师引导学生进行深入的分析，揭示了殖民者对黄金的贪婪追求及屠杀原住居民的罪恶行径，促使学生对殖民主义的血腥和罪恶有清醒的认识。

通过上述"美"和"丑"的鲜明对比,提高学生客观分析、辩证认识的能力,培养学生正确的爱憎观、美丑观、荣辱观和是非观,从而求得正确的审美观。

4.从历史细节中找真谛,深入感悟历史内涵

当历史的细节与学生不同的爱好兴趣、生命体验等产生交集时,立体、丰富的历史细节就能让学生心灵的翅膀无限舒展。细节可以从以下角度挖掘:一是重要而典型的历史细节,足以颠覆人们已形成的判断,细节越丰富多彩,认识和评价历史的视角就越多维;二是从原有历史认识入手,依据翔实的正史、野史材料,挖掘、勾勒历史另一面,为已经成为定论的历史铺陈另一种色调,作另一种可能的注解。

例如:讲到甲午战争时可以补充细节内容。

甲午海战前夕,日本无必胜把握,明治天皇召见首相伊藤博文和海军大将东乡平八郎殿前咨询。

天皇:能打败北洋舰队吗? 伊藤:能打败。

天皇:何以见得? 伊藤:北洋舰队纪律松弛,应战准备缺乏。我们曾上"镇远"、"定远"号参观,随处摸一下,白手套变黑手套了。士兵将衣服随意晾在船舷和大炮上。而我军斗志昂扬,纪律严明,官兵齐心。

最终,明治天皇认可了伊藤、东乡的判断,决心与清朝开战。

这样的历史细节,让学生感受历史的真实——如闻其声、如见其人、如临其境,并在痛心疾首之余认识到,甲午战争失败的根源是封建制度的腐朽没落。

(三)探寻科学教学模式,促进课堂内涵转变

1.建构落实学科知识和培养学科文化素养的教学模式

可采用生成机制来培养学生的历史素养,形成学科文化。以"学科知识与能力"为基础,借助情境教学,学生感受、参与、体验("过程与方法"为载体),进而可能会伴随学习相关教学内容,表现出"接受、确信、领

悟反思"状态,以外部情感体验的获得、内部情感态度的确立、价值观的建构为升华(提升历史素养、形成学科文化)。具体图示如下

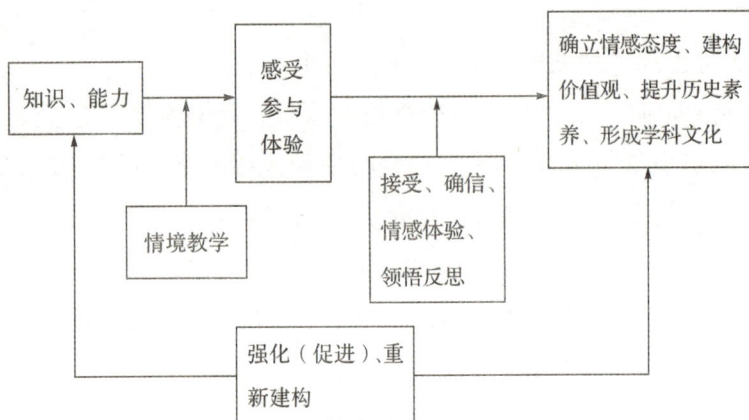

在历史学科素养的生成机制中,一方面,三维目标是交融互进的;另一方面,情感形成过程是由情感不同的水平层次所构成。经历了"接受"、"确信"到形成"自身素养",形成一个由外显到内化,再由内化至外显的完整情感心理变化过程。历史学科素养的培养,不是通过制定培养目标就能实现的,也不是通过一堂课或几堂课就能够教出来的。这是一个循序渐进的过程,是一个系统的工程。学生必须在教师的引导下,通过学习、体验、反思、感悟,逐渐形成历史学科素养。历史教师要有计划、有意识、有层次地开展教学,长期坚持寓教于乐、寓理于情和情理统一,将"求真、求证、求智"的理念贯穿于历史教学过程。

2.创设符合学生认知规律的课堂教学模式

针对学科文化教育的缺失和学生学习的困惑等情况,教师要从实际出发,创设合适的教学模式,努力提升学生的学习文化水平,促进课堂由知识课堂到人文课堂的转变。

通过研究和课堂实践,形成适应现代素质教育要求和体现以学生为主体、教师为主导的"四给式"课堂教学模式。即在课堂教学中做到"给结构"(指学生进行知识学习时,要指导学生建构一个统帅这些知识的基本知识框架结构)、"给方法"(指在教学中进行学法指导,帮助学生掌握

学习历史、解决问题的基本方法)、"给活动"(指教师创设有效的问题情景,开展多样的师生互动,来探究问题,提高学生历史思维能力)、"给思想"(指教给学生历史学科史学观和史学思想)。该教学结构在教学中具体操作流程图如下:

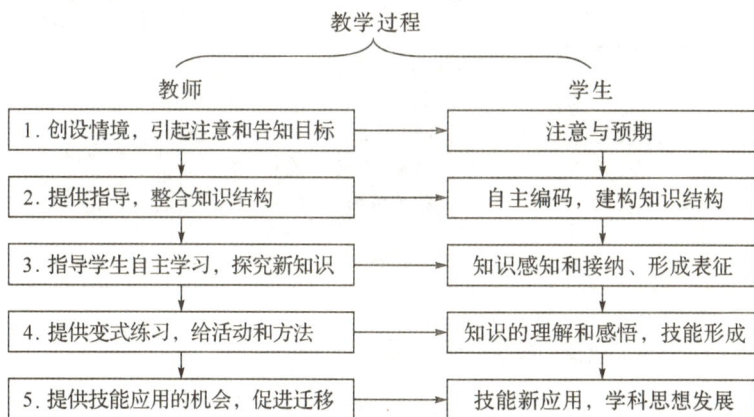

教学过程

教师	学生
1. 创设情境,引起注意和告知目标	注意与预期
2. 提供指导,整合知识结构	自主编码,建构知识结构
3. 指导学生自主学习,探究新知识	知识感知和接纳、形成表征
4. 提供变式练习,给活动和方法	知识的理解和感悟,技能形成
5. 提供技能应用的机会,促进迁移	技能新应用,学科思想发展

该结构认为:学习有自身的独立过程,而教本无独立过程,它是学习的外部条件,是为学而服务的,离开了学,就没有教。该结构清楚地解释了课型的基本结构,把学科知识嵌入学生活的认识过程之中,使师生在双边互动中实现自主学习、探究学习、感悟和创新。其最终目的是让学生高效地认识、理解和掌握大量新知识,发展智能,获得情感、意志的成功体验,全面提高素质。

以"人民版"必修第三册专题五(二)《人民教育事业的发展》教学为例:

步骤	教学程序	方法	预期目标
1	创设情景	历史问题的现实引入	指引注意和预期
2	提供指导,整合知识结构	展示图片,指导学生按不同阶段画出教育发展情况表	学生建构知识结构
3	指导学生自主学习,探究新知识	分组活动,学生自主学习,归纳出书本知识完成表格,指导学生讨论和发言	培养学生自主学习和获取史实信息能力

续表

步骤	教学程序	方法	预期目标
4	创设情境,提供变式练习,给活动和方法	创设情境,材料展示和变式练习,指导学生解读历史图示,分析和解读各类史料来回答问题	提高学生历史图示解读能力,分析教育发展与政治和经济发展的关系,理解科教兴国的含义。树立勤奋学习的理想
5	技能在新情景的应用,学科思想形成发展	探究:①让学生通过参观学校校史陈列室,运用图示识读方法,进一步了解20世纪50年代以来教育发展情况;②让学生通过对自己家庭或对老年、中年、青年三个年龄段人员的调查访谈,了解20世纪60年代以来人们受教育的经历以及人们对教育问题的看法	培养学生的探究能力,增强对教育发展的认识,激发立志努力学习,报效国家的理想

(四)运用唯物史观教学,感悟历史深邃智慧

1.运用唯物史观,坚持正确的价值导向和判断

当前,中学生的价值观呈现多元化的趋势。高中历史教学能不能以唯物史观为指导,坚守和弘扬符合当今时代与社会发展需要的核心价值观、主流价值观,将决定我们所培育的学生的人生价值取向,将决定我们国家和民族的未来。因此,高中历史教学要以唯物史观关于"价值观点及其社会评价方法"为指导,坚持正确的价值导向和判断,引领学生尊重历史、追求真实,尽量从历史记录与历史解释中厘清不同的价值观判断,并分析产生价值观冲突的原因,从而使学生能分辨不同时期、不同阶段的核心价值观、主流价值观,同时,要依据教学内容,正确引导学生继承和弘扬优秀的传统价值观,科学地吸收世界和人类普遍遵循的价值观,使学生明确包括唯物史观在内的不同史观的共同价值追求。

例如,学习历史必修一关于人类政治文明的发展演变历史,应该使学生明白的核心价值就是"平等、自由、民主、法治";学习必修二关于人类经济文明的发展演变历史,应该使学生明白的核心价值就是"社会公平、整体效率、持续发展";学习必修三关于人类精神文

明的发展演变历史,应该使学生明白的核心价值就是"宽容、尊重、欣赏、开放"。总之,价值观在高中历史教学中,直接涉及史观,甚至历史价值观本身就是史观。

2.运用唯物史观,精选与处理教材内容

依据课标精选其中有利于培养高中学生正确的历史观,即唯物史观的知识,便成为教师处理高中历史教材内容的重要依据之一。

例如:"人民版"必修第二册专题一(一)《古代中国的农业经济》的教学。

一方面,教师要从生产观点及生产力标准方法的角度,引导学生关注生产力发展水平的历史变化,帮助学生认识生产力是社会发展的最终决定力量,生产力的发展推动着社会的进步。为此,教师要精选教材内容阐明这样的唯物史观:农业是古代中国最基本的经济形式。古代中国的农业经历了"刀耕火种"的原始阶段。直到春秋战国时期,才形成古代中国农业耕作方式的转变,即铁犁牛耕。秦国用牛耕,所以国强民富,具有与其他各国抗衡的实力。另一方面,教师要利用阶级观点及阶级分析的方法阐明这样的唯物史观:古代中国社会中,地主阶级和农民阶级是两个最基本的阶级。地主占有大量的社会主要生产资料——土地,农民占有的土地较少。地主通过地租的方式剥削农民。农民在土地上艰辛劳作,只能获得耕作的少许部分,并承担沉重的赋役和徭役。土地高度集中,导致"贫者无立锥之地",耕者无其田,导致正常的经济生活秩序遭到严重破坏,阻碍了农业经济的发展,而由此引发社会动乱,成为王朝覆灭和社会经济文化凋残的直接原因。

3.运用唯物史观,注重历史学习的反思性

学习历史的目的不是为了引导人们向后看,而是引导人们向前看。唯物史观将人类社会的历史看作一个整体、动态的发展过程,现实社会是以往社会的延伸,通过对以往历史的反思,可以更好地了解现实,明确未来发展方向。对现实社会了解得越深刻,对历史的洞察力和反思力就越深入。无论是作为整体的人类群体还是作为个体的具体个人,不断反思过去和现实,并能不断地追问人类过去或现实的生存方式、状态是否合理和如何改善等,才能保持一种有活力的求真、求善、求美的精神。

> 例如:日本发生大地震,很多学生听到后不是同情,反而叫好,"恶有恶报,日本曾制造南京大屠杀,杀害多少中国人,日本政要还常参拜靖国神社,看看现在遭报应了。"网络上流行的《踏平东京》也很受同学们欢迎。以上这些是爱国主义情绪的体现,但更多体现的却是狭隘的民族意识、正确价值观的缺失。

我们教学中要运用发展的观点,让学生能够懂得"铭记苦难,但不是延续仇恨","要做真正的中国人,文明人"! 使学生以"人类"的姿态对所有罪行进行谴责,向学生渗透一种理性的情感态度与价值观教育。正如:记住过去的灾难和创伤不是要算账还债,更不是要以牙还牙,而是为了厘清历史的是非对错,实现和解与和谐,帮助建立正义的新社会关系。

4. 运用唯物史观,突出历史人物评价的价值引领

唯物史观的群众观点并不否认个人,尤其是杰出人物在历史上的作用。在人类历史发展中,涌现过一大批重要历史人物。这些历史人物出现在历史发展的重大转折时刻,并产生了关键性作用,个别人物甚至可以加速或延缓历史的进程、影响历史的面貌。

高中历史《中外历史人物评说》着重介绍了中外历史发展过程中 23 位具有代表性的人物及其主要活动,主要包括古代中国的政治家、东西方的先哲、欧美资产阶级时代的杰出人物、"亚洲觉醒"的先驱、无产阶级革命家、杰出的中外科学家等。旨在让学生了解这些具有代表性的历史人物及其主要活动,探究他们与时代的相互联系,科学地评价其在历史上的作用。

在该模块教学中,教师如何引导学生用唯物史观客观地评价这些历史人物,使学生掌握科学评价历史人物的一些基本方法? 列宁指出:"判

断历史的功绩,不是根据历史活动家有没有提供现代所要求的东西,而是根据他们比他们的前辈提供了新的东西。"这就是说,对历史人物的评价必须从当时的历史条件出发,用历史唯物主义观点去衡量他们的全部活动。看他们对当时的社会发展起了什么作用,肯定他们的历史功绩;同时分析他们的阶级局限性,并指出他们的过错与不足。

在评价历史人物时,要注意坚持正确的价值引领,充分发掘课程内容的思想情感、教育内涵。例如对秦始皇、唐太宗、康熙帝的评价,教师应从唯物史观的角度,依据他们对国家的统一、民族的团结、生产的发展和社会进步所起的作用,来衡量他们的功过。教师可结合秦始皇兼并六国,建立中央集权制的史实评价秦始皇的历史功绩。同时应指出秦始皇也是一个唯我独尊、专制暴虐的君主。他焚书坑儒,实行思想文化专制,他大兴土木,实施严酷的刑法。对唐太宗的评价,可探讨贞观之治与唐太宗纳谏和用贤之间的关系,指出纳谏和用贤是唐太宗的两大突出特点,是贞观之治的重要成因和内容。唐太宗在位期间,中国封建社会出现了空前繁盛的局面,及至晚年,唐太宗在贞观之治的繁盛局面中渐趋奢靡,求仙长生,服丹药。对康熙帝的评价,可通过平定三藩、统一台湾、三征噶尔丹评述他在推进统一多民族国家发展进程中的作用。强调康熙一生,文治武功,开启了中国封建社会的最后一个繁盛时代——康乾盛世。康乾盛世既是中国封建社会发展的最后一个高峰,也是其走向衰落的转折点,这为我们留下了不尽的思索。

再如,对"东西方的先哲"——孔子、苏格拉底、柏拉图、亚里士多德等思想家的评价,教师应按照唯物史观引导学生正确认识个人与社会、个人与自然的关系。既要注意各个思想家所面临的不同社会环境;同时也要考察这些思想家是如何提出问题与思考问题的。

对"无产阶级革命家"——马克思、恩格斯、列宁、毛泽东、邓小平等人的评价,教师应按照唯物史观引导学生了解和把握马克思与恩格斯是在什么样的历史条件下创立了科学社会主义,评价其在创立科学社会主义理论方面的贡献;评价列宁、毛泽东、邓小平等无产阶级革命家是在什么样的历史条件和革命实践中，深化和发展了社会主义革命和建设理论，从中感悟和体会无产阶级革命家们进行理论探索的非凡勇气和创新精神，进而确立强烈的历史使命感和社会责任感。

对"杰出的中外科学家"——李时珍、詹天佑、李四光、牛顿、爱因斯坦等人的评价，教师应按照唯物史观引导学生重点了解这些科学家所处的社会背景及其时代特点，从而更深刻地了解他们取得巨大科学成就的时代动因和科学探索的艰辛。对牛顿和爱因斯坦的评价，一方面可用对比的方法，将他们的科学成就加以对照，从而了解科学的进步历程，体会科学家对人类社会发展的重要作用，加深对"科学改变世界"和"科学技术是第一生产力"的理解；另一方面，可引用一些他们的名言，如牛顿的"如果说我看得远，那是因为我站在巨人的肩上"等，从这些至理名言中，吸取历史智慧和人生经验，这对于学生形成历史唯物主义指导下正确的价值观大有益处。

（五）拓展课程教学阵地，搭建历史教育新平台

新一轮的深化普通高中课程改革已经兴起，倡导多样化的历史课程设置，这也为落实历史学科知识和培养学生历史学科文化素养创造了新的平台。新课程背景下的历史教育强调回归生活、注重实践，把学生的学科文化素养的发展建立在现实生活的观察、体验、认识、理解和反思方面上。学生历史品质、人文素养的发展需要在社会实践中得到锻炼，要通过现实生活的直接经验、真实评价来培养。

1.推进各类场馆建设，丰富校内课程资源

目前形势下，学校仍是学生学习的最重要场所，我们应该积极推进各类学科场馆建设，丰富校内学科课程资源，使学生的学习拓宽到学校的各个场所。

（1）图书馆建设

学校图书馆是学生能接触到的最方便的资源之一。美国教育家布鲁纳认为："学校不是灌输知识的场所，而是培养学生学习如何求知的地方。所以，在教学活动中，应该强调培养学生利用图书馆的基本技能。"

目前,在一些发达国家,教师非常重视培养学生使用图书馆的能力,中小学教育中常常需要学生走进图书馆,通过翻阅资料寻找答案。

为了使图书馆的作用发挥到最大程度,我们必须加大对其资金投入,并且调整开放的时间,制订合理的借阅制度等。历史教师在自己利用图书馆资源的同时,更需要在教学中鼓励学生到图书馆找答案。授之以"鱼"不如授之以"渔"。培养学生思考、分析、实践的能力,最好的办法就是让学生自己去解决学习上的问题,图书馆是最便利的条件之一。

> 例如:讲到新文化运动时,我们可以借助图书馆,查找与之相关的书籍资料。如《新文化运动史》、《五四运动史》、《鲁迅全集》、《胡适文选》等大量书籍。这些书籍为我们提供了丰富详实的关于新文化运动的史实资料,这样做可以增强学生的查找能力和阅读、分析能力,也可以促进学生人文素养的发展。

(2)历史学科教室建设

教室是学校教学活动的主要场所。学生每天大部分时间是在教室中度过的,教室环境也就构成了学生学习的固定空间。学校根据教学实际创设专用的历史学科教室,即设置专门的历史教学场所,里面布置有历史方面的书籍、图片、模型等,还可以展示学生的历史手工制作、学习与研究的结果等,作为学生学习历史的固定场所,如果条件容许,应添设网络信息技术设施设备,便于学生独立学习时查阅资料,从而提升学生学习历史的兴趣,提高学生学习历史的效率。

(3)特色场馆建设

学校通过校友捐赠、高校合作等途径建设了"萧山农具展览馆"、"南片文化陶瓷展厅"、"明清萧山书画精品馆"、"国学馆"等具浓厚历史人文气息的特色场馆。"南片文化陶瓷展厅"收藏着不少萧山南片地区的古代窑址及陶瓷标本,大多是学生自己动手挖掘并经专家考证的成果。"国学馆"里面布置得古色古香,一些有分量的书籍如线装本《四库全书》、《中国通史》、《世界文学名著百部》等就摆放在这里,同时还收藏着蔡东藩、汤寿潜等萧山历史名人的文物和字画真迹。这些场所成了拓宽学生历史学习，培育学科文化素养的重要阵地。

例如：复习《古代中国的农业和手工业》时，教师利用半节课的时间带着学生参观学校的农具展览馆和南片文化陶瓷展厅。在现场，结合教师讲解，学生仔细观察各类农具并深入了解其功效，观察南片文化研究社的社员考古挖掘所得的陶和瓷的实物，深入了解印纹陶和彩陶的沿革发展。这种身临其境的感受，生活情景的教学创设，增强了学生与历史的"亲近感"，有助于学科知识的习得，也使得情感态度价值观目标的达成水到渠成。

2.打通多种渠道，开发历史选修课程

新课程改革不只是对教学内容的重新整合，教学方式、教学模式的外在变化，更多的是涉及教学理念的更新、教学评价的改变以及课程设置的重组。

新一轮课程改革进一步扩大学校课程自主权。广大历史教师应根据本校实际和学科特色，遵循学生认知规律和教学规律，积极开发历史选修课程，构建满足学生个性发展、体现鲜明特色的历史课程体系。

（1）坚持以校为本，充分挖掘和有效利用校园文化资源与乡土资源

以学校历史教师为本，充分挖掘和有效利用校园内已有的历史文化教学资源和活动资源，探寻丰富的乡土历史文化资源进行有效的整合和开发。

例如：《萧山南片文化研究》课程的开发。该课程是市级精品课程，其前身是"萧山南片文化社"，是依托学生社团活动发展起来的选修课程，它以萧山南片丰富的历史文化和社会资源为载体，以体验、创新、成长为内核，倡导学生探究身边的人文、历史和社会科学问题，鼓励和发掘学生的创新意识，促进学生对学科知识的综合运用，感受萧山南片悠久的历史文化和质朴奋进的人文精神，培养学生的历史人文素养、创新精神和实践能力。

（2）坚持学生主体，以学生的兴趣为基点开发跨学科的课程群

所谓课程群，是指将具有相同学习目的的不同内容的课程通过一定的排列方式组成的一个群。课程群建设包括研究相关课程群体性的整体融合和规划。课程群落的建设对培养学生严谨的科学态度、严密的逻辑思维能力和科学的世界观起着不可替代的作用，对提升学生的判断能力、分析问题的能力和决策能力有着极大的帮助，对培养学生掌握一定的分析问题和解决问题的理论工具而言，更是一种必不可少的途径。

为了满足学生对国学研究的兴趣，学校以国学研究所需的知识和技能为背景，提高学生学习力和学科文化素养为目标，开发了《国学经典导读》《萧山窑》《文物鉴赏》等课程组成的课程群，其中涵盖了文学、史学、地理、美学等知识。

（3）促成学科合作，调动多学科教师团队、引入校外力量参与校本选修课程开发

> 例如：《文物鉴赏》课程开发与实施包括，裘陆铭（政治学科）、金伟国（历史学科）、金关松（语文学科）等，还有外聘的申屠勇剑先生（萧山文澜阁文物馆馆长）。《国学大讲堂》课程开发与实施的老师包括，陈志坚（浙江大学教授）、冯国栋（浙江大学教授）、陆敏珍（浙江大学教授），以及本校历史学科的杜伟东、葛铁军、金伟国，语文学科的倪琼、傅清华等。

（4）动态叠加开发，实现课程的不断完善发展

每一门选修课程的开发都不是一蹴而就的，都有一个不断淘汰、升级完善的过程。动态叠加是指教师在既定的周期内（一般为1～2年），不断充实课程内容和目标，完善课程结构，形成稳定的教学方式和完整的课程资源（教材、辅导材料等），力求成为受学生欢迎的选修课程。这种课程开发方式具有两个特点：一是让课程得以直线递进或螺旋式上升；二是教师的课程开发持续性强。

前述的《南片文化研究》首先是经历了三年学校社团活动的积累，继而发挥校友资源升级完善为一门活动课程，再借助高校的力量组织教材

编写和出版,目前已经成长为我校重点精品课程。这一过程已有五年的时间,在一轮又一轮的课程研发与实施过程中,我们的课程在逐渐走向合理、科学。

3.组织社会实践活动,回归社会本真

社会学认为,社会是由人群组织而成的,教育的实质是为社会培养优秀人才,培养能够适应社会,并对社会的发展有积极作用的各方面成熟的人才,学生学习的知识最终需要到社会中去实践运用,学生人文素养和情感的发展也最终要在社会实践中得到检验。因此,教育要走入社会,组织学生参加课外实践活动应成为历史教学的一项重要内容。

我国悠久的历史给我们留下了丰富的历史遗迹、遗址,它们是重要的物质环境资源,也是历史课程教学的重要实践场所。

历史教师要带领学生深入社会,实地走访调查、探寻历史文物和古迹,撰写历史调查报告,以此拓宽学生的视野,提升历史素养,丰富课余生活。

> 例如:为让学生进一步深入了解中国民族资本主义的发展演变史,组织学生参观、调查学校周边的一家历史悠久的纺织企业,了解工厂的历史发展演变,进而了解当地纺织企业的发展史。
>
> 再如:在假期布置实践作业,要求学生采取社会调查、小组活动的形式进行家乡历史人文大调查。或调研家乡的历史人文古迹,或调研乡村的历史文化名人,或走访手工艺人和文化艺人,向他们了解传统手工艺和传统艺术。

总之,在新课程背景下,多样化历史课程的设置和实施,有效拓展了学生的学习领域,转变了学生的学习方式,不仅有助于学生学科知识的掌握和拓展延伸,更重要的是使学生在探究和实践中提升学科文化素养。

四、结语：教师在调和学科知识与学科文化中追求教学最大价值

工具性是人文性的基础,它犹如硬币的两面,一面是人文性,另一面是工具性,而史实是其共同的载体。离开工具性谈人文性,有舟无水,寸步难行,没有了人文性,那便是有水无舟,亦无法欣赏"小小竹排江中游,巍巍青山两岸走"的绝妙景致。教师应在调和"学科知识"与"学科文化"中追求教学的最大价值。

参考资料

1.严育洪.课堂焦点：新课程教学九辩.首都师范大学出版社，2007年.

2.朱汉国.历史课程标准解读.江苏教育出版社，2004年.

3.张大均.教与学的策略.人民教育出版社，2006年.

4.严育洪.课堂坐标：教学设计的走向.首都师范大学出版社，2010年.

5.周百鸣.普通高中历史新课程案例研究.浙江教育出版社，2010年.

6.严育洪."事"说师生关系.首都师范大学出版社，2010年.

7.叶小兵.历史教育学.高等教育出版社，2004年.

8.张仁贤.有效教学情境创设方法.天津教育出版社，2008年.

9.赵亚夫.历史教学课例分析.高等教育出版社，2003年.

10.刘军.历史教学的新视野.高等教育出版社，2003年.

11.皮连生.教学设计——心理的理论与技术.高等教育出版社，2003年.

12.邵瑞珍.教师心理学.上海教育出版社，2002年.

13.冯克诚.中学历史课堂提问设计教学评估.内蒙古大学出版社，2000年.

14.张静.历史学习方略.高等教育出版社，2003年.

15.林崇德.历史地理教学心理学.北京教育出版社，2001年.

16.陈伟国.历史教育测量与评论.高等教育出版社，2003年.